紛争処理会計

公認会計士 吉田 博文
公認会計士 坂上 信一郎
公認会計士 藤原 誉康

税務経理協会

巻 頭 言

吉田博文・坂上信一郎・藤原誉康著『紛争処理会計』の出版を祝して

　21世紀を迎え，企業を取り巻く社会環境が大きく一変した。その一環として，株主権を重視した経営が台頭し，競争力の源泉が大きく変化し，さらに経済社会が複雑化した結果，企業経営に纏わる損害賠償等について多くの係争事件が発生した。これまでの民事裁判では損害賠償の算定は，原告と被告の一方的な主張を勘案して裁判長が判決を下すのが慣例だった。しかし，今後は，損害賠償等の紛争処理に会計学を活用し，科学的・理論的に解決を図るべきとの気運が高まり，紛争処理会計が俄に脚光を浴び出した。

　このため，日本公認会計士協会では，『計算鑑定人マニュアル』の制定に続いて，平成16年には紛争処理会計専門部会を新設し，紛争処理会計についての研究に着手した。しかし，初めて裁判における紛争処理に会計学を活用すべきことに着想し，紛争処理会計と呼称して本格的研究に取り組んだのは，本書の著者である吉田博文公認会計士に他ならない。

　平成14年8月のことだったと思う。当時私が会長職にあったＩＭＡ（米国管理会計人協会）日本支部の研究会が早稲田大学で開かれた時のことである。理事会で次回の研究テーマを検討していた際，吉田理事からこんな話題が持ち出された。ある商標権侵害事件において，当事者の代理人弁護士から，『相手方が示した損害額の算定方法には納得できないので，依頼人の事業活動に即した損害額を提示したいが，どう対処すべきか』が問われた。さて，どう対処したらよいのかとのこと。

　多くの理事は発言の真意が解らず，それが次回の研究テーマと何の関係があるのか戸惑っていた様子だった。しかし，話が進むうちに，損害額の算定に管理会計を活用すべきではないかという趣旨が次第に判明した。そのことをいち早く関知した私は，早速次回に紛争処理会計の発表をお願いした。後日，IMA

日本支部を始め，日本管理会計学会や日本会計研究学会等の全国大会で相次いで研究報告がなされ，やがて紛争処理会計が定着するようになった。

　そのとき，紛争処理会計の研究を強く勧めた背景には，長年に亘り私が抱いていた熱い思いがあった。戦後間もない昭和33年に，米国国務省に招かれてミシガン大学で営業費会計（marketing cost accounting）を研究している過程で，ロビンソン・パトマン法に係るスタンダード・オイル会社事件の顛末を知った。ロビンソン・パトマン法は，独占禁止法の一環として制定された価額差別禁止法で，スタンダード・オイル社の販売価額が適正な原価，特に販売費・管理費を適切に反映しているかの会計論争が焦点とされ，何と17年間に亘る法廷論争が展開された。この史実に深く感銘し，日本でもかくあるべきと痛感した。

　同法によれば，同じ製品を，同じ時点に，異なった顧客に，異なった価額で販売する場合には，原価の差額によって立証出来ない限り価額差別と認定され，有罪とされる。その際販売方法によって相違する原価は，製造原価ではなく販売費・管理費である。製造原価計算は既に完成していたが，販売費・管理費の研究は当時殆ど未開拓で，各会社は危機感に襲われた。同法を所管していた商務省も立ち上がり，法廷論争の貴重な裁判記録を基に，"marketing cost accounting"という新領域が形成され，やがて日本では営業費会計として開花した。営業費会計は，マーケティングと原価計算との学際的研究であり，その後各種の学際的会計が提唱され，西澤管理会計の主柱となった。

　実は，共著者の吉田・坂上両公認会計士は，早稲田大学大学院の修士課程で私のゼミを修了された後，Ernst & Young で実践を積まれたベテランである。このため，大学院時代から学際的管理会計の重要性を痛感されており，その成果としてこの度本書『紛争処理会計』が出版されるに至った。本書は，法律と会計の学際的研究書であり，法曹人や会計人だけでなく経営者や学徒のバイブルになるものと思われる。あえて推薦の一文を寄せる所以が，ここにある。

　2009年5月

早稲田大学名誉教授
西澤　脩

序　文

1. 紛争処理会計の現代的意義

　市場経済における国境の消滅，世界経済の同時化が急速に進展し始めているが，経済社会の発展とともに経済社会の仕組みそのものも複雑化してきた。

　我が国は，国家戦略としての知的財産立国を標榜し，競争力の源泉としての知的資産ないしは無形資産の重要性に着目するようになった。他方，経済社会の主要機関である株式会社においては，コーポレートガバナンス論争の台頭によって株主価値創造経営が重視されるようになった。

　現代の株式会社制度においては，競争力の源泉が無形の知的資産ないしは無形資産に変化するとともに，当該知的資産の権利者の保護が重視され，また，株主の立場が強く尊重され保護される結果，経済社会の複雑化とあいまって，権利者の利害が対立した場合には，紛争が多発化する。

　紛争が多発化すると，当事者は何らかの紛争処理の方策を講じるが，代表的には裁判という紛争処理方法を選択する。この紛争処理には，経済的利害が伴うものであるから，紛争処理における争点となる経済的価値の算定が求められることになる。ここに紛争処理会計の必要性が生じる。

2. 紛争処理会計の研究経緯

　我が国において，紛争処理会計の萌芽をどこに求めるかについては，さまざまな主張があると思われるが，少なくとも筆者は，日本公認会計士協会が平成5年に公表した「株式等鑑定評価マニュアル」にあると考えている。日本公認会計士協会の成果物として公表されたのが平成5年であるから，このマニュアル作成に至るまでの研究は，さらに数年前に遡ることになるが，少なくとも権威ある団体としての日本公認会計士協会が公表した紛争処理会計に関する成果物としては，この研究成果が最初の研究報告書であろう。

その後，特許法が改正され，日本公認会計士協会は会員が特許法第105条の計算鑑定人に選任された場合の実務の混乱を回避するために，「計算鑑定人マニュアル」を作成するための計算鑑定人専門部会を設置し，また会社更生法改正に即して，財産評定専門部会が設置され，日本公認会計士協会が積極的に紛争処理のために，紛争処理会計の手法を次々に研究開発し始めた。現在も紛争処理会計専門部会等が設置され，紛争処理に関連する会計的問題が審議されている。

　学会の動向については，筆者が上記，計算鑑定人専門部会長を拝命し，計算鑑定人マニュアル作成に向けて，研究を進めていた頃，ＩＭＡ日本支部の年次総会の直前，当時の会長であり，恩師の西澤脩博士に，筆者が計算鑑定人専門部会長を拝命して，損害額算定手法を研究中であること，同時に，ある商標権侵害事件の控訴審で弁護士から意見を求められていることを近況報告した際，恩師は「裁判で管理会計ですか？」と感嘆されたが，1分もたたないうちに「すぐ学会報告をしなさい」と言われ，平成14年12月の日本管理会計学会で「権利侵害訴訟における管理会計の役割」に関し研究報告を行った。以後，ＩＭＡ日本支部，日本会計研究学会，日本管理会計学会で多くの研究報告がなされるようになった。その後，判明したことであるが，恩師は，米国においてスタンダード・オイル事件が17年間も争われ，この過程で営業費管理会計が飛躍的に進歩した事実を指摘され，「裁判という真剣勝負の場における学の発展」を主張されたのである。研究報告の詳細については，第1章第2節を参照されたい。

3．本書の構成と執筆者

　本書は，紛争処理会計の解説書と位置づけ，紛争処理会計の主要領域として，株価鑑定，計算鑑定，その他の領域として職務発明の対価の算定や会社更生や民事再生における財産評定につき解説し，最後に海外の実務として，米国の紛争処理会計の実務を紹介することとした。

　執筆者の吉田，坂上，藤原は日本公認会計士協会経営研究調査会ＦＭＡＣ専門部会で知的資産ないしは知的財産の研究をしていた頃からの共同研究者であ

る。当時，FMAC専門部会は，国際会計士連盟の Financial Management Accounting Comittee と日本公認会計士協会の接点ないしはコミュニケーション回路の機能を果たしており，国際会計士連盟の研究成果を日本公認会計士協会会員に定期的に伝達していた。この研究報告のひとつに，知的財産の研究があったが，この研究が計算鑑定業務にも関係があったため，吉田，坂上，藤原がその後設置される計算鑑定人専門部会の部会長，副部会長，専門委員に就任し，研究を進めた経緯がある。

　この一連の故事来歴があって，本書の執筆を企画し，紛争処理会計の啓蒙を行うこととなった。

　企画の段階では，日本公認会計士協会における審議や研究大会等における専門委員や会員との質疑応答や日本会計研究学会，日本管理会計学会，IMA日本支部における研究報告と報告内容に関する質疑応答の結果を反映するように本書の構成を試みた。

　執筆に当たっては，著者3名ともに公認会計士や税理士としての基幹業務のほかに東京地方裁判所等から株価鑑定や計算鑑定のご下命をいをだき，多忙な日々の中で執筆をした。結果的には，当初の予定よりも1年以上も遅れて公刊することとなったが，紛争処理会計に関する経験的蒸留がより純度の高いものになった時点で，完成したものと見ることもできよう。

4．文　　責

　本書は，第1章から第5章を吉田，第6章から第8章までを坂上，第9章から第12章までを藤原が執筆した。我々は，基本的には執筆担当章に基本責任を負うが，数次の企画編集会議を開催し，本書全体の整合性の確保に努めたため，本書全体に対して共同責任を負うこととなる。

5．紛争処理会計研究の展望

　本書では，紛争処理会計の代表的領域である，株価鑑定や計算鑑定を中心として解説したが，我々は，紛争処理会計の業務領域ないしは研究領域はさらに

広範なものであると考えている。

我々は，紛争処理会計の業務領域ないしは研究領域は次のように考える。

(1) **リスクマネジメントとの融合**

リスクマネジメントの基本ステップは，予知，予防，対処，復旧である。

紛争というリスクを予知し，予防し，紛争が現在化した場合には，対処策を実行するとともに正常な経営活動に復旧する一連の紛争処理のリスクマネジメントシステムが用意されねばならない。

本書は，現在化した紛争処理の会計を対象に考察しているが，対処や復旧の間には多くの経営資源が浪費されたり棄損されたりする。

紛争処理の本来の姿は，紛争が起きないようにすることであろう。今後は，この紛争処理の予知策，予防策の研究や業務領域が開拓されるであろう。

(2) **対象領域の拡大**

① 不正の調査

不正調査は，粉飾決算や横領，着服といった企業内の不正を調査する過程で，実行者を特定し，その発生原因を調べ，再発の防止を検討するといった業務である。この業務領域は，上記(1)の紛争処理リスクマネジメントシステムとも重複する領域でもあるが，この不正調査業務に関する行動指針やマニュアルの整備が必要となるであろう。

② 対象組織の拡大

紛争は当事者間の利害対立に起因するが，この紛争処理の問題は，一般企業に限定されるものではない。今後，研究対象を，地方自治体，特定公益法人，各種組合へと広げてゆく必要がある。特に不正に対する調査依頼は今後増加することが予想される。その際には，組織の一般企業とは異なる特殊性について十分理解し，組織の持つ脆弱さを把握する必要がある。

③ 第三者委員会等への参加

TOBの際の独立評価委員会や不祥事発生時の第三者委員会の設置に際しては，公認会計士への参加要請が増える傾向にある。その際は，参加を要請された背景，提出された資料の分析，さらには，適切な意見形成に至る専門家とし

ての一連の対応について調査が必要となる。これまでの紛争処理会計は，自ら業務を行い結果を報告するものであるが，第三者委員会等への参加は，他者の資料を適切に読み解く業務である。

(3) 公認会計士の行動基準の確立

公認会計士には，いかなる業務を遂行する場合にも，独立性や中立性が強く要請される。紛争処理会計業務の拡大に伴って，公認会計士の職業倫理や行動指針の研究が必要となるであろう。

6. 謝　辞

紛争処理会計は，吉田・坂上が研究した管理会計の西澤会計学と，藤原が研究した財務会計の新井会計学の応用領域ないしは敷衍領域に位置するといえるであろう。吉田・坂上の恩師，西澤脩先生と藤原の恩師，故新井清光先生は，我々の学生時代に，紛争処理会計という会計学の研究領域について一度も話題にされたことはなかった。我々の共同研究によって西澤会計学と新井会計学が発展的に融合した結果，紛争処理会計という未開拓領域に到達したのであるが，学問や教育の偉大さを物語る一例となるであろう。未開拓領域に挑む我々をご指導してくださった，西澤先生と新井先生に感謝する。

日本公認会計士協会では，紛争処理会計に関するいくつかの専門部会が設置されたが，審議の過程で，専門委員の先生方から貴重なご提言があった。豊富な実務経験と明晰な頭脳をお持ちの論客ぞろいの諸先生方からいただいた貴重なご意見も本書の研究の基礎となっている。関係者の先生方に感謝する。

日本会計研究学会と日本管理会計学会，ＩＭＡ日本支部では，研究報告に対し，鋭い質問をいただいた。これらの貴重なご意見も本書の完成に多大な影響があった。質問やご意見をいただいた先生方にも感謝する。

我々は，これまで東京地方裁判所その他から株価鑑定や計算鑑定のご下命をいただいたが，裁判と言う神聖で真剣な場で，依頼人のために知恵の限りを尽くして法廷闘争される代理人弁護士と，各事案を裁かれる裁判官の先生方からたゆまぬ自己研鑽の重要性を無言でご指導いただいた。感謝の気持ちを込めて，

法曹界でご活躍の先生方のますますのご発展を祈念する。

平成21年4月9日

吉田　博文

目　　次

巻　頭　言
序　　文

第1部　紛争処理会計の基礎

第1章　紛争処理会計の意義
　第1節　紛争処理法務と紛争処理会計……………………………3
　第2節　紛争処理会計の歴史的背景と研究経緯…………………6
　第3節　紛争処理会計の対象………………………………………10
　第4節　紛争処理会計の特質………………………………………18
　第5節　紛争処理会計における公認会計士の資質と要件………20

第2章　紛争処理会計の主要論点
　第1節　株価鑑定……………………………………………………23
　第2節　計算鑑定－損害額算定……………………………………31
　第3節　計算鑑定－職務発明の対価算定…………………………36
　第4節　会社整理……………………………………………………40

第2部　株価鑑定業務

第3章　インカム・アプローチによる株価鑑定
　第1節　フリー・キャッシュ・フロー法…………………………47
　第2節　配当還元法…………………………………………………55
　第3節　残余利益法…………………………………………………57
　第4節　利益還元法（収益還元法）………………………………60

第 5 節　計　算　例……………………………………………………61

第 4 章　マーケット・アプローチによる株価鑑定

第 1 節　マーケット・アプローチの評価法………………………………69
第 2 節　類似上場会社法…………………………………………………72
第 3 節　損　益　法………………………………………………………75
第 4 節　キャッシュ・フロー法と純資産法……………………………77
第 5 節　計　算　例………………………………………………………78

第 5 章　ネットアセット・アプローチによる株価鑑定

第 1 節　評　価　法………………………………………………………84
第 2 節　鑑 定 手 続………………………………………………………88
第 3 節　連結財務諸表の作成……………………………………………92
第 4 節　簿価純資産法における時価概念………………………………93
第 5 節　時価純資産法における時価評価 ……………………………100
第 6 節　計　算　表 ……………………………………………………102

第 3 部　計算鑑定業務

第 6 章　計算鑑定の損害額算定モデル

第 1 節　知的財産における権利保護規定 ……………………………107
第 2 節　損害額算定モデルの概要 ……………………………………117
第 3 節　特許法第102条第 1 項の概要と計算フロー…………………124
第 4 節　特許法第102条第 2 項の概要と計算フロー…………………129
第 5 節　特許法第102条第 3 項の概要と計算フロー…………………138

第 7 章　裁判例にみる諸概念と裁判所による認定

第 1 節　損害額算定モデルにおける利益概念 ………………………145

目次

　第2節　寄与率 …………………………………………………………151
　第3節　実施料相当額 …………………………………………………157

第8章　公認会計士による計算鑑定業務
　第1節　計算鑑定人制度の趣旨 ………………………………………169
　第2節　計算鑑定業務の概要 …………………………………………177
　第3節　計算鑑定上の個別検討課題 …………………………………189
　第4節　計算鑑定の報告 ………………………………………………198

第4部　その他の紛争処理会計業務

第9章　職務発明の対価の算定
　第1節　職務発明の意義と相当の対価の考え方 ……………………206
　第2節　職務発明の対価の算定方法 …………………………………210
　第3節　職務発明対価の算定方法に関する会計的な論理整理 ………216
　おわりに …………………………………………………………………221

第10章　会社更生と民事再生
　第1節　事業再建手法の概要 …………………………………………226
　第2節　継続企業の前提が成立していない会社等における資産
　　　　　および負債の評価 …………………………………………230
　第3節　会社更生法第83条時価等 ……………………………………232
　第4節　民事再生法における財産評定 ………………………………237
　第5節　再建・再生計画案における損益・資金計画の策定 ………238
　第6節　手続きの各段階における会計処理 …………………………243
　おわりに …………………………………………………………………244

3

第5部　紛争処理会計の課題と展望

第11章　アメリカの紛争処理にかかる実務
　第1節　アメリカの司法制度の特徴 …………………………………250
　第2節　Forensic AccountingとLitigation Support Services …………253
　第3節　法的紛争における会計専門家の業務 …………………………255
　お わ り に ……………………………………………………………263

第12章　アメリカと紛争処理法務と紛争処理会計：
　　　　　知的財産紛争を中心として
　第1節　アメリカにおける知的財産紛争と紛争解決支援業務 …………267
　第2節　損害賠償額算定の考え方 ………………………………………268
　第3節　逸失利益算定の考え方 …………………………………………272
　第4節　適正ロイヤルティ算定の考え方 ………………………………277
　第5節　日本の損害額算定方法との相違点 ……………………………282

第1部

紛争処理会計の基礎

第1章　紛争処理会計の意義

第1節　紛争処理法務と紛争処理会計

1　紛争処理会計の定義

　紛争処理会計とは，紛争処理法務において，紛争を解決するために特定の会計情報が求められる場合に，個別的・具体的に入手した会計情報を加工し，整理し，統合して，裁判等紛争処理の結論を導出するための参考情報を提供する会計である。

2　紛争処理の類型

　民事紛争が生起した場合，紛争処理方法は図表1－1のように整理される（長谷川（1996）pp.4－6）。

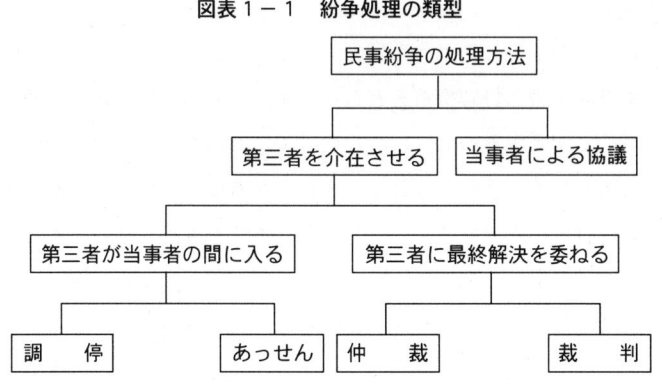

図表1－1　紛争処理の類型

```
                    民事紛争の処理方法
                    ┌──────┴──────┐
            第三者を介在させる        当事者による協議
        ┌──────┴──────┐
第三者が当事者の間に入る    第三者に最終解決を委ねる
    ┌────┴────┐        ┌────┴────┐
   調　停      あっせん      仲　裁      裁　判
```

出典：長谷川（1996）p.5図1－1を一部改変

最も穏便な解決手法として当事者による協議がある。この対極に裁判がある。

紛争処理を第三者を介在させて処理する方法もある。この方法には，第三者が調停役として行動し紛争を解決する調停やあっせんと，第三者に最終解決を委ねる仲裁と裁判がある。

調停とは，第三者が紛争の当事者間に立って事件の解決に努力することをいい，あっせんは，当事者間の交渉が円滑に行われるように第三者が世話をすることである。

第三者に最終解決を委ねる方法として，仲裁と裁判があるが，この両者の違いは第三者として民間機関に委ねるか裁判所に委ねるかにある。仲裁はいわば，当事者双方が第三者をいわば私設の裁判官である仲裁人として選び，紛争の解決を委ねる方法である。

第三者を介在させる紛争処理のうち，裁判以外の方法を裁判外紛争解決手続という。この裁判外紛争解決手続は，ＡＤＲ（Alternative Dispute Resolution）と呼ばれており，紛争処理方法として重要性は高まっているが，本書では，紛争処理手段として法に準拠した最も正当な手続きである裁判を前提として，以下論述を進めたい。

3　紛争処理手続

裁判には，図表1－2のように対立する利害関係人を当事者として関与させて審判する訴訟手続と対審構造をとらない訴訟以外の手続きがある。

本書の目的と関係するのは，この裁判手続において，会計情報が紛争解決の結論を導出するために参考情報として求められる場合である。なお，租税法に関する裁判は行政訴訟であり，ここでも会計情報が求められるが本書では，図表における民事訴訟（広義）のうち，会計情報が求められる訴訟と，非訟手続のうち，会計情報が求められる範囲に限定し，論述を進めたい。

第1章 紛争処理会計の意義

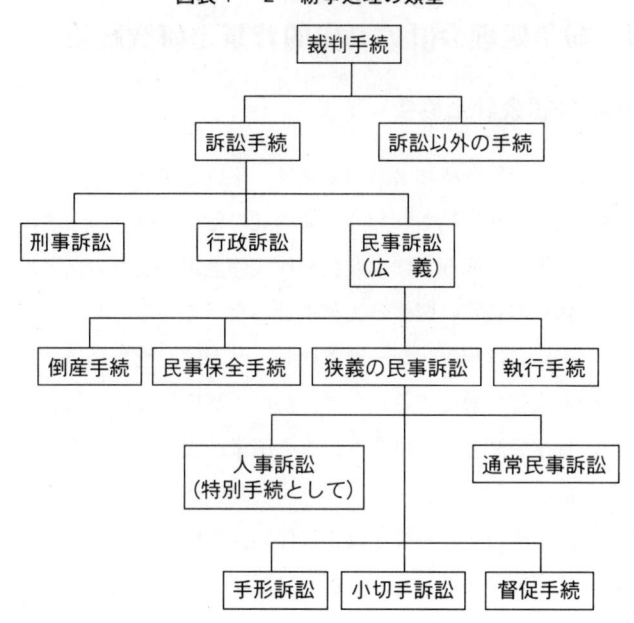

図表1－2 紛争処理の類型

```
                    裁判手続
                   /        \
              訴訟手続      訴訟以外の手続
            /    |    \
       刑事訴訟 行政訴訟 民事訴訟
                       （広　義）
              /      |       |       \
         倒産手続 民事保全手続 狭義の民事訴訟 執行手続
                           /        \
                      人事訴訟      通常民事訴訟
                    （特別手続として）
                           |
                 手形訴訟  小切手訴訟  督促手続
```

出典：長谷川（1996）p.9図1－2を一部改変

4 紛争処理における会計情報の役割

紛争処理において要求される会計情報は概ね，次のように整理される（日本公認会計士協会（2004b）p.160）。

(1) 特定時点の経済的価値の金額換算
  ① 時　　　価
  ② 損　害　額
  ③ 対　　　価
  ④ 株　価　等
(2) 将来計画の立案

第2節　紛争処理会計の歴史的背景と研究経緯

1　日本公認会計士協会

　わが国における，紛争処理会計の萌芽は，平成2年9月から，日本公認会計士協会において審議が開始された非公開株式の鑑定評価マニュアルの作成であろう。審議の結果，平成5年には非公開株式等鑑定評価マニュアルが公表され，以後，非公開株式の鑑定に関する実務指針となっている。

　この後，日本経済は国際化が一層進展し，わが国が世界経済の同時化，地球的規模の市場形成等に適応するために，法的・制度的な革命的改革が断続的に推進された。日本公認会計士協会も，この国家的大変革に即応すべく，幾多の研究に着手した。

　具体的には，平成11年の特許法改正に伴い，平成13年9月，経営研究調査会に計算鑑定人専門部会を設置し，平成16年に経営研究調査会研究報告第15号「計算鑑定マニュアル」を公表した。また，同じ平成13年9月には，未曾有のデフレ経済を背景に，企業再生専門部会や財産評定専門部会が設置され，会社整理による企業再生過程で要求される公認会計士の役割に関する研究にも着手した。以後，紛争処理会計に関する研究報告を次々に公表するに至っている（図表1－3参照）。

第1章　紛争処理会計の意義

図表1－3　日本公認会計士協会の研究の軌跡

平成年	月	活動と成果物	備考
2	9	経営研究調査会第二部会設置	
5		非公開株式等鑑定評価マニュアル	
13	9	計算鑑定人専門部会設置	
		財産評定専門部会設置	
		再生計画専門部会設置	
14	7	計算鑑定人マニュアル（中間報告）	経営研究調査会研究報告第15号
15	10	再生計画の策定支援及び検証について（中間報告）	経営研究調査会研究報告第20号
16	1	計算鑑定人マニュアル	経営研究調査会研究報告第15号
16	4	知的財産訴訟と公認会計士の役割	座談会；JICPA JOURNAL2004年6月号
16	5	財産の価額の評価等に関するガイドライン（中間報告）	経営研究調査会研究報告第23号
		再生計画の策定支援及び検証について	経営研究調査会研究報告第20号
16	9	企業価値算定専門部会設置	
		紛争処理会計専門部会設置	
16	12	知的財産紛争の損害額計算実務 －「計算鑑定人マニュアル」の解説 日本公認会計士協会	第一法規
19	5	法的紛争処理における会計的側面の研究 －知的財産権の紛争処理を中心とした会計的課題－	経営研究調査会研究報告第30号
		企業価値評価ガイドライン	経営研究調査会研究報告第32号

2　ＩＭＡ日本支部 (Institute of Management Accountants, Tokyo chapter)

　ＩＭＡ日本支部は，わが国における管理会計実務や極めて先駆的な内外の管理会計に関する研究報告を定期的に行っているが，図表1－4のようにＩＭＡ

7

第1部　紛争処理会計の基礎

日本支部においても紛争処理会計に関する研究報告が行われている。

　ＩＭＡという国際的な管理会計研究団体が紛争処理会計の研究報告を認めたことは，この紛争処理会計が，わが国の実務界にとっても，会計学研究にとっても看過できない重要な研究テーマであることの何よりの証拠であろう。これら一連の紛争処理会計の研究報告が，わが国における会計学の研究方向ないしは研究領域に関する革命的変化の契機であったといっても過言ではない。

　特に，会長（当時）の西澤脩博士は，米国におけるスタンダードオイル事件が17年も係争された過程で営業費管理会計が飛躍的に発展したことを事実として指摘され，わが国においても海外文献の渉猟を行って，会計学研究を進めることのほかに，「裁判と言う真剣勝負の場における学の発展」を力説された。

　筆者の実務経験においても，申請人と非申請人，原告と被告は知恵の限りを尽くして自らの主張を貫くのであり，この過程において裁判を有利に展開するための独創的見解が創案されるのは事実である。西澤博士の上記ご発言はまさに斯界の権威による至言であった。

図表1－4　ＩＭＡ日本支部の研究の軌跡

平成年	月	報告論題，著書名等	報告者，著者等	報告会場
14	12	知的財産戦略と管理会計の適用領域	藤原　誉康	青山学院大学
15	3	特許法102条の損害額算定方法－判例分析を中心として	岡崎　一浩	早稲田大学
		権利侵害訴訟における損害額算定モデル確立のための問題点―これまでの質問の整理と回答	坂上信一郎	
16	3	紛争処理会計	吉田　博文	早稲田大学
17	1	知的資産の鑑定／ソフトウエア資産の測定と評価	中尾　宏	早稲田大学

3　日本会計研究学会，日本管理会計学会

　筆者らは，日本公認会計士協会でそれぞれ部会長や専門委員を拝命していた

第1章 紛争処理会計の意義

ため，日本公認会計士協会の研究が独善的になることを回避し，実務志向的実践的研究の精度を高めるために，権威ある学会からも日本公認会計士協会の研究や筆者らの研究に関する意見なり批判を聴取する必要があった。

このため，筆者らは，日本会計研究学会と日本管理会計学会において，図表1-5のような一連の研究報告を行ってきた。

図表1-5　日本会計研究学会及び日本管理会計学会の研究の軌跡

平成年	月	報告論題，著書名等	報告者，著者等	学会名，雑誌名等	報告会場，出版社等
14	12	権利侵害訴訟における管理会計の役割	吉田博文	日本管理会計学会	長岡大学
15	9	裁判における管理会計の役割－管理会計の適用事例を中心として－	吉田博文	日本会計研究学会第62回大会	近畿大学
16	4	特許権が侵害された場合の損害額の算定（注）	吉田博文	『経理情報』2004年4月1日号	中央経済社
		中村・日亜裁判に見る「相当の対価」（注）	岡崎一浩		
16	9	紛争処理会計－株式買取請求事件における会計学の役割	吉田博文	日本会計研究学会第63回大会	中央大学
		紛争処理会計―倒産処理と会計学の役割	藤原誉康		
19	1	企業価値の評価アプローチと評価法－取引（トランザクション）目的における争点	村上　勝	日本管理会計学会第3回フォーラム	目白大学
		裁判所の鑑定目的における争点－公認会計士の役割と最近の検討課題	貞廣篤典		
19	9	紛争処理における管理会計の役割	吉田博文	日本管理会計学会2007年度全国大会	東京理科大学
20	9	紛争処理法務と会計学の接点－時価の算定を中心として	吉田博文	日本会計研究学会第67回全国大会	立教大学

（注）これらは，論文であるが吉田と岡崎は日本会計研究学会会員であるため，整理の都合上この図表に含めて記載することとした。

第3節　紛争処理会計の対象

1　株価鑑定－会社法，会社更生法，民事再生法

　裁判において，株式評価が求められる場合がある。代表的には，会社法上，株式の価格を決定するよう裁判所に申立てをすることが可能である旨定められている場合（会社法117条2項等，以下本節において単に条文を挙げる場合は会社法を示すものとする）における，裁判所による株式の価格の決定である。

　会社法以外にも，例えば，会社更生法上の財産評定において更生会社が保有する株式を更生管財人が評価する場合もあれば（会社更生法83条1項），遺産分割審判（家事審判法9条1項乙類10号）において家事審判官が遺産に含まれる株式の価値を評価する場合もあり，その態様は非常に多岐にわたる。そして，それぞれの場合において，専門家としての公認会計士は，鑑定人や鑑定人補助者の立場から意見を述べることとなる。

　本項では，会社法における株式評価を中心に解説する。会社更生法上の財産評定に関する株式評価等その他の株式評価については第4項で解説する。

　会社法における株式評価の局面は，次のように纏められる。

　①　反対株主による買取請求
　②　反対新株引受権者による買取請求
　③　譲渡制限株式の買取請求
　④　全部取得条項付種類株式の取得における買取請求
　⑤　相続人等に対する売渡請求
　⑥　単位未満株主による買取請求及び売渡請求
　⑦　検査役の調査又は弁護士・公認会計士等による証明

　具体的な局面と根拠条文と法の要求する評価基準は，図表1－6のように纏められる。

図表1−6 会社法上，裁判所による株式等の価格の決定が予定されている場面

株主等保有者	場　　面	条　文	法律が示す評価基準
反対株主	株式に関する特別の定めなどに係る定款変更	117Ⅱ	「公正な価格」
	事業譲渡等	470Ⅱ	
	吸収合併，吸収分割，株式交換（消滅会社等）	786Ⅱ	
	吸収合併，吸収分割，株式交換（存続会社等）	798Ⅱ	
	新設合併等	807Ⅱ	
反対新株予約権者	株式に関する特別の定めなどに係る定款変更	119Ⅱ	「公正な価格」
	組織変更	778Ⅱ	
	吸収合併，吸収分割，株式交換（消滅会社等）	788Ⅱ	
	新設合併等	809Ⅱ	
譲渡制限株式保有者（取得者）	譲渡等承認請求を受けた株式会社が承認しない旨の決定をしたとき	144Ⅱ	「譲渡等承認請求の時における株式会社の資産状態その他一切の事情を考慮」
全部取得条項付種類株主	全部取得条項付種類株式の全部の取得	172Ⅰ	（基準については述べられていない）
株主の相続人等	相続その他の一般承継により取得された株式の売渡請求	177Ⅱ	「請求の時における株式会社の資産状態その他一切の事情を考慮」
単元未満株主	単元未満株主による買取請求	193Ⅱ	
	単元未満株主に対する売渡請求	194Ⅳ	
株　　主	現物出資財産に株式が含まれる場合	33, 28, 207, 284	

出典：日本公認会計士協会（2007b）

第1部　紛争処理会計の基礎

2　計算鑑定－特許法

(1) 計算鑑定人制度の創設

計算鑑定人制度は，平成11年の特許法改正により新設された。すなわち，特許法第105条の2において次のように規定されている。

> **特許法第105条の2**
> 　特許権又は専用実施権の侵害に係る訴訟において，当事者の申立てにより，裁判所が当該侵害の行為による損害の計算をするため必要な事項について鑑定を命じたときは，当事者は，鑑定人に対し，当該鑑定をするため必要な事項について説明しなければならない。

ここに「鑑定人」とあるが，この鑑定人を計算鑑定人という。この計算鑑定人には　公認会計士や学識経験者が想定されている。
この条文は，他の法律にも準用されている。すなわち，準用される各法律は次のとおりである。

- 実用新案法第30条
- 意匠法第41条
- 商標法第39条
- 著作権法第114条の4
- 不正競争防止法第8条

これらの法律で定められた計算鑑定が紛争処理会計の対象である。世界的に，知的資産の戦略的重要性が認識され，知的資産が企業や国家の競争力の源泉であると認識されるようになり，この環境変化を認識し，国策としての知的財産立国が提唱されるに至っている。ますます知的財産の重要性が認識されると同時に，貴重な資源であるがゆえに知的財産に関する紛争が増加するであろう。このような環境下では，計算鑑定という紛争処理会計が重要となってくるのは容易に理解されるであろう。

(2) 知的財産と知的財産権

知的財産とは,「発明,考案,植物の新品種,意匠,著作物その他の人間の創造的活動により生み出されるもの（発見又は解明がされた自然の法則又は現象であって,産業上の利用可能性があるものを含む。），商標,商号その他事業活動に用いられる商品又は役務を表示するもの及び営業秘密その他の事業活動に有用な技術上又は営業上の情報である」(知的財産基本法第2条)。

また,知的財産権とは,特許権,実用新案権,育成者権,意匠権,著作権,商標権その他の知的財産に関して法令により定められた権利又は法律上保護される利益に係る権利である。

日本公認会計士協会は,この知的財産権を次のように分類している（日本公認会計士協会 (2007 a) pp. 13-18)。

① 産業財産権法
　・ 特　許　法
　・ 実用新案法
　・ 意　匠　法
　・ 商　標　法
② 著　作　権　法
③ 不正競争防止法

3　職務発明の対価算定－特許法

特許法第35条において職務発明制度を定めている。

(1)　職務発明の意義

職務発明とは,「使用者,法人,国又は地方公共団体（以下「使用者等」という。）は,従業者,法人の役員,国家公務員又は地方公務員（以下「従業者等」という。）がその性質上当該使用者等の業務範囲に属し,かつ,その発明をするに至った行為がその使用者等における従業者等の現在又は過去の職務に属する発明」（特許法第35条第1項）をいう。

この定義を，分かりやすく分解して解釈すれば，次のようになる（奥田（2004 c) p.9)。
① 会社の従業員，公務員などのした発明である。
② その発明が会社，国などの使用者等の業務範囲に属するものであること。
③ その発明をするに至った行為が，従業員等の職務に属する発明であること。

すなわち，研究者のように発明をすることが予定されている者の発明であることが必要であり，例えば会社の運転手がなした自動車の部品に関する発明は職務発明でなく，また同一の使用者の下でなした発明であることが必要であり，転職後に新しい会社で前の会社の職務経験に基づいてなした発明は，職務発明には該当しないとされる。

(2) 制度趣旨と相当の対価

職務発明制度は，従業者等と使用者等との間の利益調整を図ることを制度趣旨としており，あらかじめ契約や勤務規則などにおいて相当の対価の支払いを定めておけば，特許を受ける権利を発明者から企業へ譲渡すべき旨を定めることができるとしている。一般に，職務発明の対価（相当の対価）とはこの譲渡対価のことを指す。

この職務発明の対価は，その発明により使用者等が受けるべき利益の額，その発明に関連して使用者等が行う負担，貢献及び従業者等の処遇その他の事情を考慮して定めなければならないとされている。

4 財産評定－会社更生法，民事再生法

財産評定は，会社更生法や民事再生法等を適用する過程で，対象会社の財政状態を把握するために実施される。

以下，日本公認会計士協会の整理（日本公認会計士協会（2007 c) pp.150-168）に従って，財産評定の概要を理解することとする。

第1章　紛争処理会計の意義

(1) **会社更生法**

会社更生法第83条において，更生手続開始時における財産評定等に関する評価基準は，時価によることと規定し，財務書類として①更生手続開始時における貸借対照表および財産目録（同条第3項），②更生計画認可時の貸借対照表および財産目録（同条第4項）の裁判所への提出を規定している。

会社更生法による更生手続開始時の財産評定は，資産状態の正確な把握，利害関係人の権利の明確化等を目的として実施されるため，この財産評定手続により評定された時価が，更生手続開始時の取得価額とされる。

なお，この財産評定において，資産に株式が含まれていれば当該資産の株価鑑定が求められる。その他資産についても会社更生法の求める「時価」が算定されねばならない。

(2) **民事再生法**

再生債務者等は，再生手続開始後遅滞なく，再生債務者に属する一切の財産につき再生手続開始の時における価額を評定しなければならない（民事再生法第124条第1項）。

民事再生法の財産評定の目的は，あくまで再生債権者が再生計画によって弁済を受ける場合と破産により短期間で配当を受ける場合と，どちらが有利かを判断するための参考情報を提供することにあるとされている。このため，開始決定前の会計帳簿は，原則として，財産評定の結果によって修正されることはない。

(3) **その他**
① 清　　算

清算株式会社は財産目録と貸借対照表を作成し，株主総会又は清算人会の承認を求めなければならない（会社法第492条）。

特別清算会社の場合，さらに，承認済上記財産目録と貸借対照表を裁判所に提出しなければならない（会社法第521条）。

② 破　　　産

破産管財人は，破産手続開始後遅滞なく，破産財団に属する一切の財産につき，破産手続開始時における価額を評定しなければならない（破産法第153条第1項）。この財産評定完了後，破産管財人は，ただちに破産手続開始時の財産目録及び貸借対照表を作成し，これを裁判所に提出しなければならない（破産法第153条第2項）。

破産法においては，財産評定に関する評価基準はない。

③ 私 的 整 理

私的整理ガイドライン等による私的整理においても，財産評定は行われる。

5　再生計画の策定その他

(1) 再生計画の策定

民事再生法，会社更生法等による再生に関して策定される再生計画に関しては，利害関係者から厳しくその合理性が求められることとなる。この再生計画の合理的策定や検証が求められる。公認会計士は，客観的な第三者としての策定や検証に関与が求められることがある。

日本公認会計士協会は，再生計画を次のように分類している（日本公認会計士協会（2004ｂ）p.2）。

④　法的再生計画
　　ａ．会社更生法
　　ｂ．商法（注）の会社整理
　　ｃ．民事再生法
　　ｄ．特定調停法
　　　　（注）　現行法では，会社法
⑤　私的再生計画

(2) そ　の　他

紛争処理会計の代表的適用領域は以上であるが，今後は，これ以外にも紛争

処理会計の対象は拡大していくものと思われる。

第4節　紛争処理会計の特質

1　法的・制度的制約

　紛争処理は，法典に従って進められる。このため，紛争処理をするためにいかなる会計情報が求められるのかは，法律によって決定される。

　本書では，会社法，特許法等代表的な法律を例示しているが，これら法典を根拠として紛争が発生すると，この紛争を解決するのもこれら法典である。紛争処理のために，裁判所は特定の会計情報を求めるべく鑑定人に委嘱するのであるから，鑑定用資料を収集，加工し，必要とされる会計情報を算出する場合には，これら根拠法典の立法趣旨や条文上明らかにされた用語に制約されることになる。

2　個別性・具体性

　裁判による紛争処理は，原告対被告，申請人対非申請人という紛争の相手方と個別的，具体的な争点に対し，それぞれの主張を展開し，解決を裁判所に委ねる。

　紛争処理会計は，この個別的，具体的事案に対し，会計情報を提供し，解決の手段として機能する。

3　目的適合性

　紛争処理会計は，株価算定とか，計算鑑定，さらには会社更生法第83条（時価の算定）等，事案ごとに算定目的が裁判所より指示される。この算定目的に即した，会計情報の収集，加工，結論の導出が行われなければならない。

4　情報の利用可能性

　紛争処理会計の場合，例えば，事案によっては，紛争の原因となる時点が平成時代ではなく，昭和時代とか大正時代にまでさかのぼることがある。

裁判所より指定される鑑定ないしは時価算定のために，必要とされる会計情報その他，結論導出のための確証の入手可能性に制約がある場合がある。

このような場合，情報の利用可能性に制約が生じることがある。この場合には，意見書において，限定事項として明記せざるを得ない。

5 独立性・公平性

紛争処理会計は，紛争解決のために必要な会計情報を裁判所に提供するのが目的である。紛争解決のためには，紛争処理会計の会計処理と結論の導出にあたっては，独立性と公平性が確保されなければならない。

第5節　紛争処理会計における公認会計士の資質と要件

1　資　　質

　公認会計士は，紛争処理業務に鑑定人その他として関与する場合，次の資質が求められる。
　① 　高度な専門的知識
　② 　実務経験の蓄積
　③ 　職業的倫理の保持

2　要　　件

　受任してから，作業をし，鑑定評価意見書等報告に至るまで，公認会計士に要求される作業要件は，次のようなものがある。

(1)　一般的要件
　① 　独 立 性
　　　当事者と一定の利害関係にないことが求められる。
　② 　正当注意義務
　　　公認会計士は，紛争処理会計の専門家として，正当な注意を払わなければならない。
　③ 　守 秘 義 務
　　　公認会計士は，紛争処理業務に際して，知り得た秘密を漏らしてはならない。この守秘義務は，業務を終了した後においても遵守しなければならない。

(2)　実施要件
　① 　作業内容の確認
　　　作業目的，評価対象等作業内容を十分確認しなければならない。

② 作業計画の立案

紛争処理会計業務を効果的かつ効率的に行うための作業計画を立案しなければならない。

③ 十分な業務の実施

業務を実施するために十分な時間を確保しなければならない。

(3) **報告要件**

① 報告書の記載事項

紛争処理に必要とされ，委嘱の目的を完遂できる情報を開示しなければならない。

② 限定事項の明記

報告書の利用目的及び利用制限の記載について記載する。その他責任の限定に関する内容を明記する。

③ 利害関係

鑑定人が，申請人，被申請人及び鑑定対象会社との間で公認会計士法に規定する特別な利害関係がないことを記載する。

④ 添付資料及び引用・参考文献

実施過程で入手した資料，外部から入手した資料，公認会計士が作成した資料を添付する。さらに，鑑定書で引用した文献や参考とした文献については，その出典を明記する。

【参考文献】
1 長谷川俊明（1996）『紛争処理法務』税務経理協会
2 日本公認会計士協会編（2004 a）『知的財産紛争の損害額計算実務』第一法規
3 日本公認会計士協会（2004 b）「再生計画の策定支援及び検証について」，経営研究調査会研究報告第20号
4 奥田百子（2004 c）「職務発明の対価の算定に関する特許法改正の動向」『経理情報』No.1046，中央経済社，pp.8-11．
5 日本公認会計士協会（2007 a）「法的紛争処理における会計的側面の研究－知的財産権の紛争処理を中心とした会計的課題－」，経営研究調査会研究報告第30号，日本公認

第1部 紛争処理会計の基礎

会計士協会
6 　日本公認会計士協会（2007b）「企業価値評価ガイドライン」，経営研究調査会研究報告第32号，日本公認会計士協会
7 　日本公認会計士協会編（2007c）『財産評定等ガイドラインとQ＆A・事例分析』商事法務

第2章　紛争処理会計の主要論点

第1節　株価鑑定

1　株価鑑定手続

株価鑑定は，以下の手続きによる。

(1) 鑑定基準日の明確化

いつの時点の株価を鑑定するかを明らかにすることである。この価格時点は紛争処理の場合，通常準備書面で明らかにされており，鑑定に先立って裁判所が鑑定人に明示する。

株価鑑定には，鑑定用資料が必要となるが，基本的資料として対象会社の財務諸表が数期間求められる。価格時点が貸借対照表日以外の場合には，時点補正が必要となる。

(2) 株式数の把握
① 対象株式

鑑定対象株式を識別する。

② 発行済株式総数

登記簿謄本で，発行済株式数を確認する。

(3) 資料収集と株主価値の算定
① 資料収集

鑑定対象会社の財務諸表，各資産の時価情報等，鑑定に必要な資料を収集する。この資料収集は，鑑定作業開始前にあらかじめ入手可能なものは入手して

おき，次に往査してから収集する。

② **株主価値の算定**

株主価値を算定するには，次項で解説される，次の三種の価値概念を理解することが必要である。すなわち，**企業価値，事業価値，株主価値**である。

次に，株主価値は次の算式で求められる。

> 株主価値＝企業価値－(有利子負債＋少数株主持分)
> 企業価値＝事業価値＋事業外資産

(4) **一株当たり株価の算定**

株主価値を発行済株式総数で除し，算出する。

(5) **割 引 計 算**

非公開株式の場合，流動性に欠けるから，株価はその非流動性を勘案して，減額される。

2　企業価値，事業価値，株主価値

(1) **事 業 価 値**

事業価値とは，事業からもたらされる価値である。貸借対照表に計上された資産のみでなく，無形資産，知的資産の価値も含めた概念である。この事業価値は，営業キャッシュ・フローの現在価値で測定される。

(2) **企 業 価 値**

企業価値とは，事業価値に非事業用資産ないしは事業外資産を加算した企業全体の価値をいう。

(3) **株 主 価 値**

株主価値とは，企業価値から有利子負債等を控除して株主に帰属する価値を

いう。

3　評価アプローチと評価法

　日本公認会計士協会は，評価アプローチを，インカム・アプローチ，マーケット・アプローチ，ネットアセット・アプローチの三つに分類している。以下，この分類方法に従い，各アプローチに属する評価法を解説する（日本公認会計士協会（2007ｃ）pp.24-26）。

(1)　インカム・アプローチ

　インカム・アプローチは評価対象会社から期待される利益ないしはキャッシュ・フローに基づいて，価値を測定する方法である。

　将来の収益獲得能力に着目し，評価対象会社固有の収益力をもとに価値を測定する。いわば，評価対象会社固有の収益獲得能力を価値に反映し，動態的なアプローチである。

　日本公認会計士協会は，このアプローチに属する評価法として，以下を例示している。

①　フリー・キャッシュ・フロー法
②　調整現在価値法
③　残余利益法
④　配当還元法
⑤　利益（収益）還元法

　本書では，上記②は①の変形であるから，基本の①と③～⑤を次章で解説することとした。

(2)　マーケット・アプローチ

　マーケット・アプローチは，上場している同業他社や類似取引事例など，類似会社，類似事業，類似取引と比較することによって，相対的に価値を評価するアプローチである。

第1部　紛争処理会計の基礎

日本公認会計士協会の例示によれば，このアプローチに分類される評価法は，次のとおりである。
① 市場市価法
② 類似上場会社法
③ 類似取引法
④ 取引事例法

(3) ネットアセット・アプローチ

ネットアセット・アプローチは，貸借対照表上の純資産に注目したアプローチである。一定時点の純資産をもとに評価するのであるから，静態的評価アプローチとされている。

日本公認会計士協会は，この評価アプローチに分類される評価法として次の二つを例示している。
① 簿価純資産法
② 時価純資産法

4　評価アプローチおよび評価法の選定

鑑定にあたって評価アプローチと評価法の選定を行わなければならないが，その前に，各評価アプローチの特質と選定上の留意事項を理解しておく必要がある（日本公認会計士協会（2007 c）pp.24-26）。

(1) 評価アプローチの特質

各評価アプローチの特質は，次のとおりである。
① インカム・アプローチ

一般的に企業が将来獲得することが期待される利益やキャッシュ・フローに基づいて評価することから，将来の収益獲得能力や固有の性質を評価結果に反映させる点で優れている。また，市場での取引環境については，割引率等を通じて一定の反映がなされることになる。

事業計画等の将来情報に対する恣意性の排除が難しいことも多く，客観性が問題となるケースもある。

② マーケット・アプローチ

第三者間や市場で取引されている株式との相対的な評価アプローチであるため，市場での取引環境の反映や，一定の客観性には優れているといえる。

一方，他の企業とは異なる成長ステージにあるようなケースや，そもそも類似する上場会社がないようなケースでは評価が困難で，評価対象となっている会社固有の性質を反映させられないケースもある。

③ ネットアセット・アプローチ

帳簿上の純資産を基礎として，一定の時価評価等に基づく修正を行うため，帳簿作成が適正で時価等の情報が取りやすい状況であれば，客観性に優れていることが期待される。

一方，一時点の純資産に基づいた価値評価を前提とするため，のれん等が適正に計上されていない場合には，将来の収益能力の反映や，市場での取引環境の反映は難しい。

上記三アプローチの特質は，図表2－1のように整理される。あくまで一般的な整理であるから，事案ごとに再吟味されたい。

図表2－1　評価アプローチの特質

項　　目	インカム	マーケット	ネットアセット
客　観　性	△	◎	◎
市場での取引環境の反映	○	◎	△
将来の収益獲得能力の反映	◎	○	△
固有の性質の反映	◎	△	○

◎：優れている　○：やや優れている　△：問題となるケースもある
出典：日本公認会計士協会（2007ｃ）p.25　図表Ⅳ－3

(2) 選定上の留意事項

評価アプローチの選定に関しては，次の留意事項がある。

第1部　紛争処理会計の基礎

① 成長基調にある企業か，安定した業況にあるか，あるいは衰退基調にあるかといった評価対象会社のライフステージ

成長企業であれば，（その成長可能性の確度にもよるが）ネットアセット・アプローチによる株式評価は企業のもつ将来の収益獲得能力を適正に評価しきれない可能性もあり，過小評価につながる可能性がある。一方で衰退基調にある企業で収益性の低い企業（かつ減損会計等を適用していない企業等）では，場合によってはネットアセット・アプローチによる株式評価が過大評価となってしまう可能性にも留意すべきであろう。

② 会社の継続性に疑義があるようなケース

インカム・アプローチやマーケット・アプローチは一般的に会社の継続を前提とした価値評価であるといわれており，評価対象たる企業の継続性に疑義があるようなケースにおいては，こうした評価アプローチを適用することには慎重であるべきである。

③ 知的財産等に基づく超過収益力をもつ企業

ネットアセット・アプローチで株式の評価を行う場合には，貸借対照表における純資産を基礎として評価するため，貸借対照表に計上されていない無形資産や知的財産等が価値の源泉の大半であるような企業が評価対象である場合には，ネットアセット・アプローチではこうした価値が評価されない可能性がある。したがって，超過収益力等を価値評価に反映させやすいといわれるインカム・アプローチなどの評価アプローチの選定を検討すべきである。

④ 類似上場会社のない新規ビジネス

全くの新規事業で，類似上場会社が存在しない，あるいは類似取引事例がないようなケースにおいては，マーケット・アプローチによる価値評価には限界があるといえよう。類似した商品・製品を取り扱っていても，事業のコンセプトやビジネスモデルが全く異なる場合にも，旧来の企業とは収益性やリスクが異なることが考えられ，マーケット・アプローチを適用することによって誤った評価になる可能性がある点に留意すべきである。

5　総合評価

　日本公認会計士協会は，株価鑑定における総合評価を新たに提唱した（日本公認会計士協会（2007ｃ），pp.27-28）。

(1)　総合評価の重要性と留意点

　前出の評価法は，優れた点をもつと同時にさまざまな問題点をも有している。同時に相互に問題点を補完する関係にある。

　評価対象会社をインカム・アプローチ，マーケット・アプローチ，ネットアセット・アプローチのそれぞれの視点から把握し，評価対象会社の動態的な価値，あるいは静態的な価値について多面的に分析し，偏った視点のみからの価値算定にならないよう留意する必要がある。そして，それぞれの評価結果を比較・検討しながら最終的に総合評価するのが実務上一般的である。ただし，企業価値等価格形成要因を慎重に考慮しながら評価業務を行い，最終的な評価額の算定において，ある評価法からの評価結果を単独で適用するのが妥当な状況も想定される。この場合には，後述の単独法が採用されることになる。

(2)　単独法

　単独法とは，インカム・アプローチ，マーケット・アプローチ，ネットアセット・アプローチに分類されている評価法を単独で適用し，それをもって総合評価の結果とする方法である。

(3)　併用法

　併用法とは，複数の評価法を適用し，一定の幅をもって算出されたそれぞれの評価結果の重複等を考慮しながら評価結果を導く方法（ここでは，「重複幅併用法」と呼ぶことにする）である。

　インカム・アプローチ，マーケット・アプローチ，ネットアセット・アプローチのそれぞれのアプローチに属する評価法を複数選択し，各評価法の結果

を比較・検討し，最終的な評価額を算定する方法である。それぞれの評価法による算定結果に重複するところがあれば，その金額を目安とするケースも実務上ある。また，併用法は，それぞれの評価法による結果が近い場合に適用しやすい。

重複幅併用法においては，一定のレンジをもって評価結果とする方法と，重複する一定のレンジの中央値を評価結果として示す方法とがある。

(4) 折衷法

折衷法とは，複数の評価法を適用し，それぞれの評価結果に一定の折衷割合（加重平均値）を適用する方法である。

インカム・アプローチ，マーケット・アプローチ，ネットアセット・アプローチのそれぞれのアプローチに属する複数の評価法を選択し，各評価法の結果に一定の折衷割合を適用して総合評価を行う方法である。折衷法は，評価結果により差異が生じ，いずれかの評価法を加重平均した方が妥当なケースにおいて適用しやすい方法である。折衷割合に関しては，評価人の合理的な判断によることになる。

第2節　計算鑑定－損害額算定

1　知的財産権

　計算鑑定の詳細を論じる前に，これら，計算鑑定人制度が創設された各法律の概要を理解しておく必要がある。以下，日本公認会計士協会の研究報告（日本公認会計士協会（2007b）pp.13-18）の一部を引用しながら，その概要を解説する。

(1)　産業財産法による計算鑑定
①　特　許　法

　特許とは，新規で有用な技術を公開した発明者又は特許出願人に対し，その公開の代償として，一定期間その発明を独占的に使用できる権利を付与する制度のことであり，その権利を特許権という。

　特許法において「発明」とは，「自然法則を利用した技術的思想の創作のうち高度のもの」（特許法第2条第1項）と定義している。ここに，「自然法則の利用」とは，自然界において経験的に見出される法則をいう。

　「技術的思想」とは，技術は一定の目的を達成するための具体的手段であり，実際に利用できるもので他人に伝達できる客観性をもつことである。

　「創作」とは，従来にはない発明を新規に作り出すことを意味する。例えば，化学物質の特定の性質を発見し，この性質をもっぱら利用するようなものは「用途発明」として認められる。レントゲンがX線を発見してもX線に特許はとれないが，X線を利用したレントゲン撮影装置は，創作に該当する。

　「高度のもの」とは，実用新案法における「考案」の定義と区別するためのものであり，電子計算機の新しい仕組みや新しい医薬品などのように，産業界に大変革をもたらす高度性が要求されているものではない。

②　実用新案法

　実用新案権とは，実用新案法で保護される考案をいう。ここで「考案」とは，

自然法則を利用した技術的思想の創作をいう（実用新案法第2条第1項）。基本的には，特許法上の発明と同じ概念であるが，物品の形状等に係わるものなので，方法に係わるものは対象にはならない。また，特許法の保護対象とは異なり，技術的思想の創作のうち高度のものでなくてよい。

③ 意 匠 法

意匠とは，製品のデザイン，すなわち外観である。工業的に生産される製品のデザインは，意匠法によって保護されている。意匠法第2条第1項において，「意匠」とは，「物品（物品の部分も含む）の形状，模様若しくは色彩又はこれらの結合であって，視覚を通じて美感を起こさせるものをいう」と定義されている。

特許権や実用新案権が技術的思想に関する権利であるのに対し，意匠権の場合は，最終的な製品に用いられる視覚的な形態の類似性が認められる限りにおいて保護を受けることが可能となる。

一方，著作権法や商標法，不正競争防止法とは保護分野の共通するところもあるとされている。

④ 商 標 法

商標とは，事業者が自己の取り扱う商品・サービスを他人の商品・サービスとは区別するために，その商品・サービスについて使用するマーク（標識）をいう。

商標権とは，商標法により保護される権利である。商標権は，特許庁に商標を出願し，登録される条件を満たしている（拒絶理由がない）ことが審査された後に，登録料を納付することによって発生する。

商標権者は，誰からも排除されることなく指定商品又は指定役務について登録商標を独占的に10年間使用できることになる。また，10年の存続期間は，その後何回でも更新が可能である。

(2) **著作権法による計算鑑定**

著作権とは，著作者が生み出す著作物について，著作者の権利を定めたもの

である。

　著作権は，産業財産権と異なり，権利取得のために申請・登録といった手続を経る必要はない。著作権の存続期間は，著作物の創作の時から始まり，著作者の死後50年経過後に終了する。著作権の対象となる著作物には，文学作品，学術論文，絵画，音楽，映画などが挙げられる。法は，これら著作物が思想又は感情を創作的に表現しているものを保護の対象としている。

　著作者は，著作者の権利として著作者人格権と著作財産権の二つの権利を有する。

　著作財産権とは，著作者の財産的利益を保護するための権利のことである。著作財産権は，その全部又は一部を譲渡・相続することが可能である。著作財産権は多くの支分権により構成されている。支分権に抵触するような著作物の利用に際しては，権利保有者の許諾を得ておく必要がある。許諾を得ず実行した場合は著作権侵害に該当する。

(3) 不正競争防止法による計算鑑定

　不正競争防止法（以下「不競法」という）とは，不正競争行為により営業上の利益を侵害され，又は侵害される恐れのある者に対し，不正競争行為に対する差止請求権を付与することによって不正競争の防止を図るとともに，その営業の利益が侵害された者の損害賠償に係る措置を整備することにより，事業者間の公正な競争を確保しようとするものである。

　この不競法は，知的財産権法の一環をなすものであるが，特許法，商標法等が客体に権利を付与することにより知的財産の保護を図るのに対して，不競法は他人の「不正行為」を規制する方法により知的財産の保護を図っている。すなわち，不競法では「出願」「登録」がなくとも保護の対象となる。

　不競法は，民法の不法行為法の特別法である。不法行為法は損害賠償請求に関する規定を置いているが，事業者間で行われる不法行為には事後的損害賠償請求のみでは十分な救済といえないことから，不競法では，損害賠償請求に加え，差止請求権が付与されている。

2 計算鑑定の根拠条文

計算鑑定の根拠条文を列挙すれば，図表2－2のようになる。

図表2－2　計算鑑定の関連条文

内　容	産業財産権法				著作権法	不正競争防止法
	特許法	実用新案法	意匠法	商標法		
差止請求権	第100条	第27条	第37条	第36条	第112条	第3条
侵害とみなす行為	第101条	第28条	第38条	第37条		第2条
侵害の額の推定等	第102条	第29条	第39条	第38条	第114条	第5条
過失の推定	第103条		第40条	第39条	第103条の2	
生産方法の推定	第104条					
実用新案技術評価書の提示 実用新案権者等の責任		第29条の2 第29条の3				
具体的態様の明示義務	第104条の2	第30条	第41条	第39条	第114条の2	第6条
書類の提出等	第105条	第30条	第41条	第39条	第114条の3	第7条
損害計算のための鑑定	第105条の2	第30条	第41条	第39条	第114条の4	第8条
相当な損害額の認定	第105条の3	第30条	第41条	第39条	第114条の5	第9条
信用回復の措置	第106条	第30条	第41条	第39条	第115条	第14条

出典：日本公認会計士協会（2007b）pp.18－19

3 損害額の推定

本書のテーマに関連する損害額の算定に関しては,特許法第102条第1項から第3項が適用されるが,図表2－3のように産業財産権法,著作権,不正競争防止法の各法で準用されている。

図表2－3　各法の損害額算定に関する条文比較

	実用新案法	意匠法	商標法	著作権法	不正競争防止法
特許法第102条第1項の内容	○	○	○	○	○
許法第102条第2項の内容	○	○	○	○	○
特許法第102条第3項の内容	○	○	○	○	○

出典：日本公認会計士協会（2007b）p.19

以下,特許法第102条に規定されている損害額推定計算の概要を紹介する。詳細は第6章以下を参照されたい。

(1) 特許法第102条第1項

侵害額＝侵害者の譲渡数量×権利者の単位当たり利益（×寄与率）

(2) 特許法第102条第2項

侵害額＝侵害者の譲渡数量×侵害者の単位当たり利益（×寄与率）

(3) 特許法第102条第3項

侵害額＝実施料相当額

第1部　紛争処理会計の基礎

第3節　計算鑑定－職務発明の対価算定

　現行特許法における職務発明制度においては，職務発明に係る「相当の対価」を使用者等と従業者等の間の「自主的な取り決め」によって，決定されることを原則としている。

1　従業者と使用者の利益調整

(1)　従業者の利益

　特許法においては，「産業上利用することができる発明をした者は，……，その発明について特許を受けることができる」（特許法第29条第1項）と規定されており，特許を受ける権利または特許権は，当該発明を生み出した発明者が原始的に取得すると定められている。
　職務発明についても，発明したのは従業者であるから，特許を受ける権利は従業者に原始的に帰属する。すなわち，特許権者は従業者となる。

(2)　使用者の利益

　企業は，発明をなした従業員に対し給与を支払い，研究用設備や研究開発資金の供与を行っているから，発明に何らかの貢献をしているのも事実である。そこで，特許法では，使用者に通常実施権を与えている（特許法第35条第1項）。
　使用者の利益を保護するためには，この通常実施権の付与のみでは不十分であるとして，通常実施権のほかに従業者等がした発明については，あらかじめ使用者等に特許を受ける権利若しくは特許権を承継させ又は使用者等のため専用実施権を設定することを契約，勤務規則等で定めることができる（特許法第35条第2項）とされている。この場合，相当の対価の支払いを受ける権利を有する（特許法第35条第3項）。

図表 2 − 4　用 語 解 説

用　語	解　　　　　説
通常実施権	企業が発明者（従業員）の許諾を得ることなしに，自己の製造に利用し販売を営むことができる権利
専用実施権	特許された発明を独占的に実施できる権利

2　「相当の対価」の算定

(1)　対価算定基準が存在する場合

この算定基準は，「対価を決定するための基準の策定に際して使用者等と従業者等との間で行われる協議の状況，策定された当該基準の開示の状況，対価の額の算定について行われる従業者等からの意見の聴取の状況等を考慮して，その定めたところにより対価を支払うことが不合理と認められるものであってはならない」(特許法第35条第4項)。

(2)　対価算定基準未定または対価算定基準が不合理な場合

前項の対価についての定めがない場合又はその定めたところにより対価を支払うことが同項の規定により不合理と認められる場合には，第3項の対価の額は，その発明により使用者等が受けるべき利益の額，その発明に関連して使用者等が行う負担，貢献及び従業者等の処遇その他の事情を考慮して定めなければならない。

3　主要判例にみる「相当の対価」の算定方法

中村修二教授(米国カリフォルニア大学サンタバーバラ校)が青色発光ダイオード特許の「相当の対価」(特許法第35条第3項)を求めて日亜化学工業を訴えた平成13（ワ）第17772号特許権持分等確認請求事件を事例として採用し，知的資産評価の論点を明らかにしてみたい。

図表 2 − 5 が，当該裁判で提示された鑑定書の評価額と判決額の比較表である。さらに，図表 2 − 6 がそれぞれの鑑定人が採用した評価方法と結果の比較

第1部　紛争処理会計の基礎

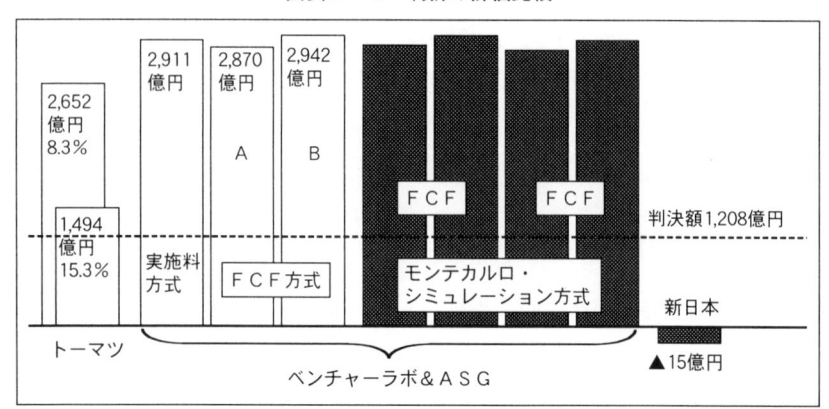

図表2-5　特許の評価比較

トーマツ		ベンチャーラボ&ASG						新日本
2,652億円 8.3%	1,494億円 15.3%	2,911億円	2,870億円	2,942億円				▲15億円
	実施料方式		A	B	FCF	FCF		
			FCF方式		モンテカルロ・シミュレーション方式			

判決額1,208億円

＊　FCFはフリー・キャッシュ・フローの略
　　A：キャピタル・チャージを用いない方法
　　B：キャピタル・チャージを用いた方法
（注）1　フリー・キャッシュ・フローをベースとしたモンテカルロ・シミュレーション
　　　2　売上高をベースとしたモンテカルロ・シュミレーション
出典：岡崎（2004）p.17図表3を一部改変

　表であるが，評価方法はいずれもインカム・アプローチによっている。この裁判では，原告側は，トーマツ鑑定書，ベンチャーラボ及びASG監査法人鑑定書を，被告側は，新日本監査法人鑑定書を提出し，それぞれの主張する「相当の対価」を提示した。

　図表2-5の比較表で理解できるように原告と被告の主張する「相当の対価」には大きな乖離がある。この乖離の原因を判決文から読み取ることで，知的資産評価にあたっての重要論点を明らかにしておきたい。

　原告及び被告の主張する「相当の対価」にこのような大きな隔たりが生じた原因は，次のように整理できよう。

　①　相当の対価の算定式

　②　独占利益の算定方法

　③　特許権の貢献度

図表2-6 結果の比較

	ベンチャーラボおよびASG鑑定書	トーマツ鑑定書	新日本鑑定書
採用した評価方法	1 実施料率法 2 キャッシュ・フロー法 3 モンテカルロ法	超過収益法	過年度損益法
評価額	1 実施料率法 ・2,911億円（実施料率20％） 2 キャッシュ・フロー法 ・DCF法2,870億円とキャピタル・チャージ法2,942億円（割引率6.47％） 3 モンテカルロ法 ・4つの方法での中央値はそれぞれ2,872億円，2,949億円，2,841億円および2,919億円	1,494億円から2,652億円	赤字であるから評価なし
判決上の取扱い	上記1の実施料率法を採用した。売上の半分につき特許の使用を認めたと仮定したら，20％の実施料率が得られた利益とした。	超過収益法は判決では，採用されず。	信憑性なし

出所：岡崎（2004）p.20図表10

④ 発明者の貢献度
⑤ 研究開発費の算定額
⑥ 資本コストの算定方法
⑦ 実施料の見積り

興味のある読者には，実際に判決文の分析をお勧めするが，この判決から我々が学ぶべきことは，知的資産の評価は，評価方法の選択，キャッシュの流入額と流出額の見積り，当該知的資産のキャッシュ・フローとの関数関係の定義，資本コストの算定等，評価方法と評価要素の見積り次第で評価額が大きく変動することである。

第4節　会社整理

1　会社整理の概念－倒産処理の類型

会社整理には，図表2－7のような類型がある。

図表2－7　倒産処理の類型

類　　型		選　　択　　肢	
再　建　型	会社更生	民事再生へ移行	
		私的整理へ移行	
		破産へ移行	
	民事再生	私的整理へ移行	
		破産へ移行	
	会社法上の整理	民事再生へ移行	
		私的整理へ移行	
		破産へ移行	
清　算　型	私的整理		
	清　算	通常清算	特別清算へ移行
			破産へ移行
		特別清算	
	破　産		

　これら倒産処理の選択過程において，紛争処理会計の一領域としての財産評定が行われることはすでに前章で概観した。以下，財産評定の主要論点を理解するために，代表的な会社更生法による財産評定を第2項，第3項で解説し，最後に，倒産処理で必ず必要とされる再生計画の立案につき，第4項で解説することとする。

2 会社更生法による財産評定

(1) 関連法規
財産評定関連法規は，以下のとおりである（日本公認会計士協会（2004 b）p.2）。
① 会社更生法
② 会社更生規則
③ 会社更生法施行規則
④ 会社法施行規則
⑤ 会社計算規則

(2) 財産評定の時期と財務書類
財産評定は，会社更生手続開始時に行われる。すなわち，更生手続開始時において作成する貸借対照表の評価基準は，会社更生法第83条第2項に規定する時価によるとされている。

財務書類としては，次のものが要求されている（会社更生法第83条第3項）。
① 貸借対照表
② 財産目録

(3) 財産評定の考え方
日本公認会計士協会によれば，財産評定等の考え方は次のとおりである（日本公認会計士協会（2007 a）pp.3－4）。

更生手続開始時においては，更生会社の全財産が旧所有者から更生債権者，更生担保権者等に移転したものと考えられる。財産評定にあたっては，事業の清算を前提とするのではなく，事業の継続を前提とした個々の資産の時価が付される。

次に，更生計画認可時においては，更生債権者，更生担保権者等に移転した更生会社の財産，資源等を，更生計画の下で再構築し，収益性を改善した事業

の下に，新たな会社所有権者へ事業全体が譲渡されたものとして経済実態を擬制できる。

3　会社更生法第83条時価

「財産の価額の評定等に関するガイドライン（中間報告）」（日本公認会計士協会（2007a）pp.13-16）によれば，会社更生法第83条時価の論点は以下のとおりである。

(1)　時価概念採用の経緯

旧会社更生法においては，財産評定は更生会社の事業継続を前提とするとされていたが，改正会社更生法では，財産評定の客観的評価基準を明確にし，透明性を高めることにより，紛争を回避し迅速な処理を達成するために，時価を採用した。すなわち，更生手続開始時において，更生計画が立案される段階に至っていないことが考えられる。したがって，更生手続開始時点では，客観的な事業全体の価値の算出が困難な状況であることが想定されるため，更生手続開始時の財産評定においては，事業全体の価値の算定を不要とし，個別財産についての評定を行う（会社更生法第83条第1項，第2項）。

(2)　時価の定義

会社更生法第83条第2項に規定される「時価」として，次の二つがある。
① 企業会計の時価
② 企業会計上の時価ではないが，代替的に又は特定的にある価額によるもの

①の企業会計上の時価は，公正な評価額とされる。また，会社更生法第83条時価において用いられる価値，価額等として，現在価値，回収可能価額，正味売却価額，再調達原価，使用価値が列挙されている。

4 再生計画の立案

公認会計士の関与する再生計画の主要論点は,「再生計画の策定支援及び検証について」(日本公認会計士協会 (2004 a) pp.1-8) によれば,次の通りである。

(1) 再生の定義

企業の再生とは,事実上倒産した企業が抜本的な再建策を講じることにより,当該企業が独自収益力やキャッシュ・フローにより存続が可能な状況にすること,又は現状の企業独自の収益力やキャッシュ・フローが改善されない限り,存続が困難な状況に陥る可能性のある企業が何らかの策を講じることによりその可能性を排除することをいう。

(2) 策定上の留意事項

再生計画を策定するためには,次のことを考慮に入れることが肝要である。
① 再生計画の合理性確保
② 破綻要因の払拭
③ 恣意性の排除及び前提条件の整合性

(3) 再生計画の特質

① 将来予測

将来予測は,あくまで「予測」であり,再生計画策定の前提の合理性を確認するものではない。

② 策定基準の不存在

再生計画の策定には,会計基準や監査基準のような作業内容や責任の範囲を規定した基準がない。

③ 公認会計士の能力的制約

公認会計士は,経済的実態に関する専門家でないため,再生計画も公認会計士の限定的な能力の範囲でしか策定できない。

第1部　紛争処理会計の基礎

(4) 公認会計士の業務の特質

① 一定の制約下の業務

業務遂行上，必要とされる重要な事項がすべて開示される保証がない。入手した情報の範囲内で実施される。

② 検証手続の省略

提供された個々の情報の正確性，網羅性及び真正性につき検証手続を採択しない。

③ 再生計画における検証の意味

公認会計士による信頼性の保証または意見の表明ではない。

【参考文献】
1　日本公認会計士協会（2004）「再生計画の策定支援及び検証について」，経営研究調査会研究報告第20号，日本公認会計士協会
2　日本公認会計士協会（2007 a）「財産の価額の評定等に関するガイドライン（中間報告）」，経営研究調査会研究報告第23号，日本公認会計士協会
3　日本公認会計士協会（2007 b）「法的紛争処理における会計的側面の研究－知的財産権の紛争処理を中心とした会計的課題－」，経営研究調査会研究報告第30号，日本公認会計士協会
4　日本公認会計士協会（2007 c）「企業価値評価ガイドライン」，経営研究調査会研究報告第32号，日本公認会計士協会
5　岡崎一浩（2004）「中村・日亜裁判にみる『相当の対価』の評価額算定の根拠」『旬刊経理情報』No.1046，中央経済社

第2部

株価鑑定業務

第3章 インカム・アプローチ による株価鑑定

第1節 フリー・キャッシュ・フロー法

(1) 意　義

　事業活動を測定する最も基本的な方式は，割引キャッシュ・フロー（DCF）法とされている（西澤（2005）p.85）。

　フリー・キャッシュ・フロー法は，このDCF法を適用する際のキャッシュ・フローとして，「フリー・キャッシュ・フロー」を用いる。この手法は，第3項で解説するように，将来フリー・キャッシュ・フローの評価時点における割引現在価値を求め，その割引現在価値の累計額をもって事業価値とする手法である。

　このようにして，算定された事業価値に事業外資産と有利子負債を加減して株主資本価値を算出し，この株主資本価値を発行済株式総数で除し，一株当たり評価額を算定する。

(2) 算　定　式
① 株主資本価値

　　株主資本価値＝事業価値＋事業外資産－有利子負債

② 一株当たり評価額

$$一株当たり評価額 = \frac{株主資本価値}{発行済株式総数}$$

(3) 事業価値

企業価値の主体は事業価値とされる（西澤（2005）p.62）が，この事業価値の測定は，次のように考える。

$$事業価値 = \sum_{n=1}^{N} \frac{CF_n}{(1+i)^n} + \frac{S_n}{(1+i)^n}$$

　　CF＝企業全体のフリー・キャッシュ・フロー
　　N＝企業の存続年数
　　n＝存続期間中の年度
　　s＝残存価額
　　i＝企業全体の割引率

この算式から，鑑定人は①フリー・キャッシュ・フロー，②割引率，③残存価額，④対象年数の四要素を鑑定にあたって慎重に検討したうえで算定する必要がある。以下，鑑定人の留意事項を個別に考察する。

(4) フリー・キャッシュ・フロー

① フリー・キャッシュ・フローの意義

フリー・キャッシュ・フローとは，営業キャッシュ・フローから，「現事業維持のためのキャッシュ・フロー」を差し引いた残額のことである（西澤（2005）p.93）。

すなわち，

　　フリー・キャッシュ・フロー＝営業キャッシュ・フロー
　　　　　　　　　　　　　　　　　－維持キャッシュ・フロー

である。

この式のうち，営業キャッシュ・フローの定義は，次に考察されるように，会計基準で定められているので，算定上の変動要因はない。しかし，維持キャッシュ・フローについては，下記③で見るように五種類考えられるため，維持キャッシュ・フローの認識と測定次第では，算出されるフリー・キャッシュ・フローが異なる。

② 営業キャッシュ・フローの算定

営業キャッシュ・フローとは,「商品及び役務の販売による収入,商品及び役務の購入による支出等,営業損益計算の対象となった取引のほか,投資活動及び財務活動以外の取引によるキャッシュ・フロー」(「連結キャッシュ・フロー計算書等の作成基準」,企業会計審議会,平成10年3月13日,三-3-(2))である。

営業キャッシュ・フローは,キャッシュ・フロー計算書(図表3-1)の「営業活動によるキャッシュ・フロー」で表示される。この営業キャッシュ・フローは,会計基準等で規定された概念であり,算定上の恣意性が介在する余地はないから,客観的に算出される。なお,図表3-1は,第5節の設例にある第5期分の貸借対照表と損益計算書をもとに作表されている。表示科目も理解できるように配慮した。

図表3-1　キャッシュ・フロー計算書

紛争処理株式会社

項　　　　目	金　　額
I　営業活動によるキャッシュ・フロー	28,366,000
税引前当期純利益(損失)金額	834,000
減　価　償　却　費	800,000
貸倒引当金の増加額	0
退職給付引当金の増加	0
受取利息及び受取配当金	0
支　払　利　息	0
手　形　売　却　損	0
為　替　差　損	0
有価証券売却益	0
有価証券売却損	0
投資有価証券売却益	0
投資有価証券売却損	0
有形固定資産売却益	0
有形固定資産除却損	0
前　期　損　益　修　正	0
損　害　賠　償　損　失	0
その他非資金損益項目の増加(減少)額	0
売上債権の増加(減少)額	-400,000,000

第2部　株価鑑定業務

たな卸資産の増加（減少）額	-20,000,000
仕入債務の減少（増加）額	395,000,000
割引手形の増加（減少）額	0
未払消費税等の増加（減少）額	4,900,000
役員賞与の支払額	0
その他資産の増加（減少）額	0
その他負債の減少（増加）額	0
そ　　の　　他	0
小　　　計	9,900,000
利息及び配当金の受取額	0
利息の支払額	0
損害賠償金の支払額	0
法人税等の支払額	0
営業活動によるキャッシュ・フロー	9,900,000
Ⅱ　投資活動によるキャッシュ・フロー	
有価証券の取得による支出	0
有価証券の売却による収入	0
有形固定資産の取得による支出	-2,000,000
有形固定資産の売却による収入	0
無形固定資産の取得による支出	0
無形固定資産の売却による収入	0
投資有価証券の取得による支出	0
投資有価証券の売却による収入	0
貸付けによる支出	0
貸付金の回収による収入	0
その他投資活動による支出	0
その他投資活動による収入	0
投資活動によるキャッシュ・フロー	-2,000,000
Ⅲ　財務活動によるキャッシュ・フロー	
短期借入れによる収入	0
短期借入金の返済による支出	0
長期借入れによる収入	0
長期借入金の返済による支出	0
社債の発行による収入	0
社債の償還による支出	0
株式の発行による収入	0
自己株式の取得による支出	0
配当金の支払額	0

第3章 インカム・アプローチによる株価鑑定

	その他財務活動による支出	0
	その他財務活動による収入	0
	財務活動によるキャッシュ・フロー	0
Ⅳ	現金及び現金同等物に係る換算差額	0
Ⅴ	現金及び現金同等物の増加額	7,900,000
Ⅵ	現金及び現金同等物の期首残高	7,100,000
Ⅶ	現金及び現金同等物の期末残高	15,000,000
	現金及び現金同等物の増減額（Ⅶ－Ⅵ）	7,900,000

③ 維持キャッシュ・フローの種類

維持キャッシュ・フローは，菊池（菊池（1998）pp.184-195）によれば，次の5種類がある。

 ⅰ）フリー・キャッシュ・フロー＝営業キャッシュ・フロー－投資キャッシュ・フロー
 ⅱ）フリー・キャッシュ・フロー＝営業キャッシュ・フロー－設備投資全体
 ⅲ）フリー・キャッシュ・フロー＝営業キャッシュ・フロー－支払配当金
 ⅳ）フリー・キャッシュ・フロー＝営業キャッシュ・フロー－（必要な有価証券投資＋生産維持に必要な設備投資）
 ⅴ）フリー・キャッシュ・フロー＝営業キャッシュ・フロー－（必要な有価証券投資＋生産維持に必要な設備投資＋支払安定配当金）

どの維持キャッシュ・フローが適正であるかについては，事案ごとに鑑定人が判断すべきであろう。裁判における株価鑑定は，あくまで，個別的・具体的な検証作業と分析及び考察が求められるからである。

④ フリー・キャッシュ・フローの算定

フリー・キャッシュ・フローは，維持キャッシュ・フローを定義すれば，機械的に算出される。

(5) 割引率

割引率は，将来価値を現在価値に還元するために用いられる。事案によって

は，当事者が資本コストと表現することもある。

① 実務慣行

日本公認会計士協会は，例示的に10％を用いている（日本公認会計士協会 (1995) p.52）。なお，国税庁も財産評価通達で10％を用いるが，本書が対象とする裁判は，租税法に関する行政訴訟とは異なり，会社法等を想定した裁判における株価鑑定であるから，10％を割引率とする根拠は，あくまで日本公認会計士協会の例示と明記すべきである。

② 加重平均資本コスト

加重平均資本コスト（weighted average cost of capital : WACC）とは，負債コストと株主資本コストを加重平均して算定された資本コストをいう。

ⅰ）使用する負債コスト

鑑定対象企業の一定期間の支払利息を当該期間における有利子負債の平均残高で除して算出された利子率を用いる。

ⅱ）株主資本コストの推定

株主資本コストは，Capital Asset Pricing Model（ＣＡＰＭ，資本資産価格モデル）によって，推定する。

推定計算式は，次式のとおりである。

$ke = Rf + \beta * (Rm - Rf)$

ただし，

　ｋｅ：株主資本コスト

　Ｒｆ：リスク・フリー・レート

　Ｒｍ：市場収益率の期待値

　Ｒｍ－Ｒｆ：株式リスク・プレミアム（又は市場リスク・プレミアム）

　β：個別株式のベータ

この算式で，リスク・フリー・レートは長期国債利回り，株式リスク・プレミアムは，通常，このデータを提供する会社から入手する。β値は，非上場会社の鑑定を前提とすると，東京証券取引所から類似会社のβ値を求め，類似会社の資本構成から，一旦アン・レバードβ（unlevered β）を求め，対象会社の

資本構成に基づき再レバードして求める。

(6) 残存価額（終価）

残存価額は，計算対象期間の最終日に事業そのものを売却したと仮定した場合の売却価値か，終価，すなわち，対象期間最終年度の翌期から獲得されるフリー・キャッシュ・フローの価値を算出する。

終価は，対象期間最終年度の翌期から，フリー・キャッシュ・フローを毎期一定と仮定するか，一定の期待インフレ率を仮定した成長モデルを用いて算出する。

(7) 対象年数

対象年数は，通常5年ないし10年とされる。

(8) 事業外資産

① 意　義

キャッシュ・フローを生み出すために直接貢献していない資産である。キャッシュ・フローを創出しないのであるから，キャッシュ・フローの現在時価を算出する過程では，キャッシュ・フロー創出無関連資産として事業資産とは区別する。

この事業外資産も価値をもつから，この価値を評価し，事業価値に加算すれば企業価値が算定される。

② 対象資産

事業外資産は，通常，現預金，有価証券といった金融資産，遊休不動産，美術品，書画，骨董品等である。各鑑定事案ごとに，キャッシュ・フロー創出に直接貢献しているかどうかの観点から識別すべきである。

③ 評　価

ⅰ) 現　預　金

鑑定基準日現在の帳簿価額による。

ⅱ）**有 価 証 券**

鑑定基準日現在の時価を求める。

ⅲ）**遊 休 不 動 産**

鑑定基準日現在の時価による。この時価は，正式には，不動産鑑定士の鑑定評価意見書を求めるべきである。

代替的に路線価や固定資産税評価額を用いることがあるが，あくまで便法であり，当事者の合意がない限り，用いるべきではない。

ⅳ）**美 術 品 等**

鑑定基準日の時価による。この時価は，美術品鑑定の専門家の鑑定評価意見書を入手すべきである。

(9) 有利子負債

借入金，社債等の有利子負債である。企業価値は，調達側から見れば，借入資本と株主資本から構成される。

このため有利子負債を識別し，当該時価を求める。この時価は，通常，簿価によるが，ガイドラインによれば時価を求める場合もある。

(10) 発行済株式総数

発行済株式総数は，登記簿上の発行済株式総数から自己株式を控除して，算出する。

第2節　配当還元法

(1) 意　　義
企業の収益の果実としての配当から株式の評価額を算定する方法である。この評価方法は，株主資本価値を直接算定する。

配当還元法は，毎期将来予想配当額の現在価値の合計額を算出し，株主資本価値を算定するのが基本であるが，配当額が一定の成長率で増額すると仮定するゴードンモデルのような成長配当割引モデルもある。以下，この両者を解説する。

(2) 算定式‐基本式
① 株主資本価値

$$V = \sum_{n=1}^{\infty} Dn / (1+k)^n + TV / (1+k)^n$$

　　V：株主資本価値
　　Dn：n期末の配当金
　　ke：株主資本コスト
　　TV：n＋1期以降の配当をn期末時点に割り引いた価値

② 一株当たり評価額

$$一株当たり評価額 = \frac{株主価値}{発行済株式総数}$$

(3) 算定式‐ゴードンモデル
① 株主資本価値

$$V = D1 / (k - g)$$

　　V：株主資本価値
　　D1：第1期末の配当金
　　ke：株主資本コスト
　　g：配当成長率

② 一株当たり評価額

$$一株当たり評価額 = \frac{株主価値}{発行済株式総数}$$

(4) 留意事項

　この配当還元法は，配当という果実のみに着目して株主資本価値を評価しようとする手法である。評価が一面的過ぎるという欠点がある。

　また，配当は企業の経営成績と連動することはありえないし，将来にわたって一定であると仮定することも現実的でない。さらに，配当実績のない企業では，配当還元法の適用は，困難である。

　このため，配当還元法が適用可能な状況は，配当実績があることと，経営環境が安定的であることが条件となると思われる。

第3節　残余利益法

(1) 意　　義

　残余利益法は，株主資本価値を簿価純資産価額と将来残余利益の割引現在価値の合計で測定する。

　残余利益法の考え方は，特別新しいものではないが，近年脚光を浴びるようになったのは，Ohlson (1995) とFeltham and Ohlson (1995) の業績に負うところが大きい。わが国では，五百竹 (1997)，後藤 (1997)，井上 (1998)，八重倉 (1998) らによって，この評価法が紹介されている。

(2) 算　定　式
① 株主資本価値

$$株主資本価値 = NA_{n-1} + \sum_{n=1}^{\infty} RIn / (1+ke)^n + TV / (1+ke)^n$$

　　NA_{n-1}：第n期首の純資産簿価
　　t：予想期間
　　RIn：n期の株主に帰属する残余利益の期待値
　　ke：株主資本コスト
　　TV：n＋1期以降の残余利益をn期末時点に割り引いた価値

ここで，株主に帰属する残余利益は以下のように計算される。

② 一株当たり評価額

$$一株当たり評価額 = \frac{株主価値}{発行済株式総数}$$

(3) 残　余　利　益

$$RIn = NIn - NA_{n-1} \times ke$$

　　RIn：n期の株主に帰属する残余利益の期待値
　　NIn：n期の純利益
　　NA_{n-1}：n－1期（n期首）の純資産（簿価）

第2部　株価鑑定業務

(4) 残余利益モデルの導出

残余利益モデルは，配当還元法にクリーン・サープラス関係（clean surplus relation）を適用して導出される。

以下，J.A.Ohlsonの所説（Ohlson, 1995, pp.666−670）を参考にして，残余利益モデルを導出する。

① 配当の定義

クリーン・サープラス関係とは，配当は利益から株主資本の変化額を差し引いたものに等しいということである。

$$D_n = NI_n - (NA_n - NA_{n-1}) \cdots\cdots a$$

　　NI$_n$：n期の純利益
　　NA$_n$：n期の株主資本（簿価純資産）

② 当期純利益の分割

n期の利益を正常利益（normal profit）と超過利益（abnormal profit）に分割する。

$$NI_n = NI_{na} + NI_{nn} \cdots\cdots b$$

　　NI$_{na}$：n期の超過利益
　　NI$_{nn}$：n期の正常利益

③ 正常利益の定義

$$NI_{nn} = k_e \times NA_{n-1} \cdots\cdots c$$

　　k$_e$：株主資本コスト

④ 配当モデルと統合

ⅰ）配当モデル（p.55参照）に，a式を代入する。

　株主資本価値＝$[NI_1 - (NA_1 - NA_0)]/(1+K_e) + \cdots$
　　　　　　　　$+ [NI_n - (NA_n - NA_{n-1})]/(1+K_e)^n \cdots\cdots d$

ⅱ）d式にb，c，式を代入し，整理すると，

$$株主資本価値 = NA_{n-1} + \sum_{n=1}^{\infty} \frac{NI_{na}}{(1+K_e)^n}$$

iii） ＮＩｎａを残余利益ＲＩｎと読み替え，さらに予想期間をｔ期とし，それ以降は継続価値（ＴＶ）を用いて残余利益を求めるようにすると，

$$株主資本価値 = NAn-1 + \sum_{n=1}^{t} \frac{RIn}{(1+Ke)^n} + \frac{TV}{(1+Ke)^t}$$

(5) 留意事項

　残余利益が生起する可能性の少ない企業では，残余利益の現在価値を算出できなくなるため，簿価純資産法等ストックの価値を検討せざるを得なくなる。さらに，我が国においては，紛争処理会計において，使用された事例がさほどないと考えられ，当事者の合意が得られない可能性がある。このため，適用する場合には，裁判所や当事者と協議が必要となる場合もあるであろう。

第4節 利益還元法(収益還元法)

(1) 意 義
利益還元法(収益還元法)は、会計上の将来利益を一定の割引率で割引株主価値を算定する。

(2) 算 定 式

$$V = \sum_{n=1}^{\infty} \frac{NIn}{(1+r)^n} + \frac{TV}{(1+r)^n}$$

V：株主資本価値
NIn：n期の純利益
r：割引率
TV：n+1期以降の純利益をn期末時点に割り引いた価値

(3) 適用上の留意事項
欠損が長期間にわたって、継続しているような企業や将来、収益力が極度に低下すると予想されているような事案では、算定式が適用できなくなるため、別の評価法を検討せざるを得なくなる。

第5節 計 算 例

1 鑑定対象会社財務資料

(1) 財務諸表(第5期)

貸 借 対 照 表

紛争処理株式会社　　　平成20年3月31日

勘 定 科 目	当 期 残 高	勘 定 科 目	当 期 残 高
現　　　　　　金	100,000	支　払　手　形	0
普　通　預　金	12,900,000	買　　掛　　金	395,000,000
定　期　預　金	2,000,000	仕 入 債 務 合 計	395,000,000
現金・預金合計	15,000,000	未 払 法 人 税 等	11,346,400
売　　掛　　金	450,000,000	未 払 消 費 税 等	4,900,000
貸倒引当金(売)	−900,000	負　債　合　計	411,246,400
有　価　証　券	8,000,000		
商　　　　　品	25,000,000	資　　本　　金	80,000,000
流 動 資 産 合 計	497,100,000	別 途 積 立 金	8,000,000
車　両　運　搬　具	2,000,000	繰越利益剰余金合計	17,019,600
減 価 償 却 累 計 額	−834,000	利 益 剰 余 金 合 計	25,019,600
建　設　仮　勘　定	7,500,000	株 主 資 本 合 計	105,019,600
電　話　加　入　権	500,000	純 資 産 合 計	105,019,600
投 資 有 価 証 券	10,000,000		
資　産　合　計	516,266,000	負債・純資産合計	516,266,000

第 2 部　株価鑑定業務

損　益　計　算　書

紛争処理株式会社　自平成19年04月01日　至平成20年03月31日

勘　定　科　目		金額（単位：円）
売　　上　　高		500,000,000
期首商品棚卸高	5,000,000	
期首商品棚卸高	5,000,000	
仕　　入　　高	400,000,000	
当期商品仕入高	400,000,000	
合　　　　計	405,000,000	
期末商品棚卸高	25,000,000	380,000,000
売上総損益金額		120,000,000
［販売管理費］		
役　員　報　酬	30,000,000	
給　料　手　当	60,000,000	
減　価　償　却　費	834,000	
貸倒繰入額（販）	900,000	
雑　　　　　費	0	91,734,000
営　業　利　益		28,266,000
貸倒引当金戻入	100,000	100,000
税引前当期純損益金額		28,366,000
法人税・住民税及び事業税		11,346,400
当　期　純　利　益		17,019,600

(2) 経営計画(第6-8期)

紛争処理株式会社 　　　　　**貸 借 対 照 表**　　　　　(単位:円)

勘 定 科 目	6期	7期	8期
現　　　　　　　　　金	100,000	100,000	100,000
普　通　預　　　　金	3,578,600	753,600	836,100
定　期　預　　　　金	2,000,000	2,000,000	2,000,000
現　金・預　金　合　計	5,678,600	2,853,600	2,936,100
売　　　　掛　　　　金	577,500,000	630,000,000	682,500,000
貸 倒 引 当 金 (売)	-1,155,000	-1,260,000	-1,365,000
売　上　債　権　合　計	576,345,000	628,740,000	681,135,000
有　価　証　　　　券	8,000,000	8,000,000	10,000,000
有　価　証　券　合　計	8,000,000	8,000,000	10,000,000
商　　　　　　　　品	26,000,000	25,000,000	30,000,000
建　　　　　　　　物	0	100,000,000	100,000,000
附　属　設　　　　備	0	10,000,000	10,000,000
車　両　運　搬　　具	2,000,000	2,000,000	2,000,000
工　具　器　具　備　品	0	5,000,000	5,000,000
減　価　償　却　累　計　額	-1,320,222	-7,773,689	-12,580,060
建　設　仮　勘　　定	100,000,000	0	0
電　話　加　入　　権	500,000	500,000	500,000
施　設　利　用　　権	0	950,000	900,000
工　業　所　有　　権	5,000,000	5,000,000	5,000,000
ソ　フ　ト　ウ　ェ　ア	8,000,000	6,000,000	4,000,000
投　資　有　価　証　券	10,000,000	10,000,000	13,000,000
投資その他の資産合計	10,000,000	10,000,000	13,000,000
資　　産　　合　　計	740,203,378	796,269,911	851,891,040
買　　　　掛　　　　金	446,250,000	498,750,000	525,000,000
短　期　借　入　　金	0	31,000,000	0
未　払　法　人　税　等	13,500,000	7,700,000	19,600,000
未　払　消　費　税　等	875,000	5,450,000	7,500,000
預　　　　り　　　　金	6,500,000	3,000,000	4,000,000
長　期　借　入　　金	150,000,000	120,000,000	140,000,000
負　　債　　合　　計	617,125,000	665,900,000	696,100,000
資　　　　本　　　　金	80,000,000	80,000,000	80,000,000
資　本　金　合　　計	80,000,000	80,000,000	80,000,000
利　益　準　備　　金	200,000	600,000	1,000,000
別　途　積　立　　金	22,800,000	37,400,000	45,000,000
繰越利益剰余金合計	20,078,378	12,369,911	29,791,040
純　資　産　合　　計	123,078,378	130,369,911	155,791,040
負債・純資産合計	740,203,378	796,269,911	851,891,040

第2部 株価鑑定業務

紛争処理株式会社　　　　**損　益　計　算　書**　　　　（単位：円）

勘　定　科　目	6期	7期	8期
1．売　　上　　高	550,000,000	600,000,000	650,000,000
2．売　上　原　価			
期　首　商　品　棚　卸　高	25,000,000	26,000,000	25,000,000
仕　　　　入　　　　高	425,000,000	475,000,000	500,000,000
当　期　商　品　仕　入　高	425,000,000	475,000,000	500,000,000
合　　　　　　計	450,000,000	501,000,000	525,000,000
期　末　商　品　棚　卸　高	26,000,000	25,000,000	30,000,000
売　　上　　原　　価	424,000,000	476,000,000	495,000,000
売　　上　　総　　利　　益	126,000,000	124,000,000	155,000,000
3．販　売　管　理　費			
役　　員　　報　　酬	30,000,000	30,000,000	30,000,000
給　　料　　手　　当	60,000,000	62,000,000	65,000,000
減　価　償　却　費	2,486,222	8,503,467	6,856,371
貸　倒　繰　入　額　（　販　）	1,155,000	1,260,000	1,365,000
販　売　管　理　費　計	93,641,222	101,763,467	103,221,371
営　　業　　利　　益	32,358,778	22,236,533	51,778,629
4．営　業　外　収　益			
受　　取　　利　　息	300,000	100,000	100,000
支　　払　　利　　息	0	4,500,000	4,117,500
経　　常　　利　　益	32,658,778	17,836,533	47,761,129
5．特　別　利　益			
貸　倒　引　当　金　戻　入	900,000	1,155,000	1,260,000
税引前当期純損益金額	33,558,778	18,991,533	49,021,129
法人税・住民税及び事業税	13,500,000	7,700,000	19,600,000
当　期　純　利　益	20,058,778	11,291,533	29,421,129

第3章 インカム・アプローチによる株価鑑定

キャッシュ・フロー計算書

(単位:円)

項　目	6期	7期	8期
I　営業活動によるキャッシュ・フロー			
税引前当期純利益(損失)金額	33,558,778	18,991,533	49,021,129
減価償却費	2,486,222	8,503,467	6,856,371
受取利息及び受取配当金	-300,000	-100,000	-100,000
支払利息	0	4,500,000	4,117,500
売上債権の増加(減少)額	-127,500,000	-52,500,000	-52,500,000
たな卸資産の増加(減少)額	-1,000,000	1,000,000	-5,000,000
仕入債務の減少(増加)額	51,250,000	52,500,000	26,250,000
未払消費税等の増加(減少)額	-4,025,000	4,575,000	2,050,000
その他負債の減少(増加)額	6,500,000	-3,500,000	1,000,000
小　　　計	-38,775,000	34,075,000	31,800,000
利息及び配当金の受取額	300,000	100,000	100,000
利息の支払額	0	-4,500,000	-4,117,500
法人税等の支払額	-11,346,400	-13,500,000	-7,700,000
営業活動によるキャッシュ・フロー	-49,821,400	16,175,000	20,082,500
II　投資活動によるキャッシュ・フロー			
有形固定資産の取得による支出	-92,500,000	-15,000,000	-2,000,000
無形固定資産の取得による支出	-15,000,000	-1,000,000	0
投資有価証券の取得による支出			-3,000,000
投資活動によるキャッシュ・フロー	-107,500,000	-16,000,000	-5,000,000
III　財務活動によるキャッシュ・フロー			
短期借入れによる収入	0	31,000,000	0
短期借入金の返済による支出	0	0	-31,000,000
長期借入れによる収入	150,000,000	0	50,000,000
長期借入金の返済による支出	0	-30,000,000	-30,000,000
配当金の支払額	-2,000,000	-4,000,000	-4,000,000
財務活動によるキャッシュ・フロー	148,000,000	-3,000,000	-15,000,000
IV　現金及び現金同等物に係る換算差額	0	0	0
V　現金及び現金同等物の増加額	-9,321,400	-2,825,000	82,500
VI　現金及び現金同等物の期首残高	15,000,000	5,678,600	2,853,600
VII　現金及び現金同等物の期末残高	5,678,600	2,853,600	2,936,100
現金及び現金同等物の増減額(VII－VI)	-9,321,400	-2,825,000	82,500

第2部　株価鑑定業務

2　鑑定基準日

平成20年3月25日

3　株価算定

(1) ＤＣＦ法

① 事業価値

$$\frac{-157,321,400円}{1.1}+\frac{+175,000円}{1.21}+\frac{+15,082,500円}{1.331}+\frac{+15,082,500円}{0.1\times1.331}$$

$=-131,543,120円+113,317,054円=-18,226,065円$

資本コストは，10％とした。

② 事業外資産

現預金15,000,000円＋有価証券8,000,000円
　　　　　　　＋投資有価証券10,000,000円＝33,000,000円

ただし，平成20年3月31日をみなし基準日とした。

③ 有利子負債

なし。

④ 株主資本価値

$-18,226,065円＋33,000,000円＝14,773,935円$

⑤ 一株当たり評価額

$14,773,935円÷1,600株＝9,233円$

(2) 配当還元法

① 株主資本価値

$$\frac{2,000,000円}{1.08}+\frac{4,000,000円}{1.1664}+\frac{4,000,000円}{1.28304}+\frac{4,000,000円}{0.08\times1.28304}$$

$=8,456,540円＋39,691,675円＝48,148,215円$

（注1）　株主資本コストを8％とする。
（注2）　4年目以降配当金は4,000,000円支払われるとする。

② 一株当たり評価額

48,148,215円÷1,600株＝30,092円

(3) 残余利益法
① 残 余 利 益
　ⅰ） 第6期

　　20,058,778円－105,019,600円×0.08＝11,657,210円

　ⅱ） 第7期

　　11,291,533円－123,078,378円×0.08＝1,445,262円

　ⅲ） 第8期

　　29,421,129円－130,369,911円×0.08＝18,991,536円

　ⅳ） 第9期以降

　　18,991,536円÷0.08＝237,394,200円

② 株主資本価値

$$\frac{11,657,210円}{1.08}+\frac{1,445,262円}{1.1664}+\frac{18,991,536円}{1.25971}+\frac{18,991,536円}{0.08\times1.25971}$$

＝27,108,908円＋188,451,468円＝215,560,376円

③ 一株当たり評価額

215,560,376円÷1,600株＝134,725円

(4) 利益（収益）還元法
① 株主資本価値

$$\frac{20,058,788円}{1.1}+\frac{11,291,533円}{1.21}+\frac{29,421,129円}{1.331}+\frac{20,257,146円}{0.1\times1.331}$$

＝49,671,635円＋152,194,966円＝201,866,601円

（注1） 資本コストを10％とする。
（注2） 4年目以降の利益は第6期から第8期の平均と仮定する。

第2部　株価鑑定業務

② 一株当たり評価額

201,866,601円÷1,600株＝126,166円

【参考文献】
1 　西澤脩（2005）『企業価値の会計と管理』白桃書房
2 　日本公認会計士協会（1995）『株式等鑑定評価マニュアル　Q＆A』社団法人商事法務研究会
3 　菊池誠一（1998）『連結経営におけるキャッシュフロー計算書－その作成と分析・評価－』　中央経済社
4 　Ohlson, J.(1995)."Earnings, book value, and dividends in equity valuation ". Contemporary Accounting Research11, pp.661－687
5 　Feltham, G. and J.Ohlson.(1995). "Valuation and clean surplus accounting for operating and financial activities". Contemporary Accounting Research, pp.689－731.
6 　五百竹宏明（1997）「会計数値にもとづく新たな企業価値モデル－Edwards－Bell－Ohlson Valuation Model 2 ついて－」『JICPAジャーナル』第9巻第3号，pp.56－57
7 　後藤雅敏（1997）「簿価と市価と会計研究(1)」『企業会計』第49巻第5号，pp.110－112
8 　後藤雅敏（1997）「簿価と市価と会計研究(1)」『企業会計』第49巻第6号，pp.110－112
9 　井上達男（1998）「会計数値に基づく企業価値研究の最近の動向」『税経通信』第53巻第1号，pp.217－223
10 　八重倉孝（1998）「会計数値による企業評価－Ohlsonモデルの実務への適用－」『JICPAジャーナル』第10巻第4号，pp.58－59。

第4章 マーケット・アプローチによる株価鑑定

第1節 マーケット・アプローチの評価法

　日本公認会計士協会は，マーケット・アプローチとして，市場市価法，類似上場会社法，類似取引法，取引事例法を例示しているが，このうち市場市価法は，紛争処理において，さほど使用されない手法と考えられる。ここでは，ガイドラインに従って，各評価法を概観し（日本公認会計士協会（2007）pp.40-44），次節以降では，類似上場会社法を中心に解説をする。

1　市場市価法

(1) 意　　義

　市場株価法とは，証券取引所や店頭登録市場に上場している会社の市場価格を基準に評価する方法であり，マーケット・アプローチの典型的な評価法であり，株式取引の相場価格そのものを基準に評価を行うが，市場相場のある上場企業同士の合併比率や株式交換比率の算定に利用される。

　この評価法は，非公開会社の株式評価には用いられないから，紛争処理の場合の株価鑑定に用いられることはまれであろう。

2　類似上場会社法

(1) 意　　義

　類似上場会社法とは，上場会社の市場株価と比較して非上場会社の株式を評価する方法である。倍率法，乗数法ともいわれる。

本書では，次節以降で次のような体系的分類をした上で解説することとする。

① 損　益　法
　　 i . 株価売上高比率法
　　ii . 株価総利益比率法
　　iii. 株価ＥＢＩＴＤＡ比率法
　　iv. 株価純利益比率法
② キャッシュ・フロー法
③ 純　資　産　法

(2) 適用上の留意事項

売上高，原価，利益の構造が比較的安定している場合で，短期間での売上高や利益，純資産等財務指標と株価の関係は一定していると仮定できる場合に適用できるが，紛争処理においては，株価算定の評価方法として用いるよりは，その他の評価法で算定された株価の，合理性，適正性，妥当性を判断するために間接的に活用されるべきであろう。

3　類似取引法

(1) 意　　義

類似取引法とは，類似のＭ＆Ａ取引の売買価格と評価対象会社の財務数値に関する情報に基づいて計算する方法である。Ｍ＆Ａに関するデータを正規に収集する組織・機関が存在しないことから，一般的に利用できることは少ない。

計算方法や使用する主な財務数値は，倍率法の考え方と基本的に同じである。

4　取引事例法

(1) 意　　義

取引事例法とは，評価対象会社の株式について過去に売買がある場合に，その取引価額を基に株式の評価をする方法である。

過去の売買が何度か行われている場合は，基本的に一番直近に行われた売買

の取引価額が基本的に用いられる。

 この方法を採用する場合は，まず利用する取引事例価額そのものが合理的な方法で評価されているかどうかを検討する必要がある。また，その評価時点以後の経営成績や財政状態の変動を考慮する必要があるので，その場合には前述の倍率法などの考え方を取り入れて評価する必要がある。

(2) **適用上の留意事項**

 売買事例の取引価格を評価額として採用できる場合として，日本公認会計士協会は，次の条件を例示している（日本公認会計士協会（1993）p.31）。

① 取引量が同程度であること
② 株式売買事例の時点が比較的直近であることと，その間に経営，業績等に大きな変化がないこと
③ 取引が独立した第三者間で行われ，取引件数もある程度件数があること

第2節 類似上場会社法

1 意　義

類似上場会社法とは，上場会社の財務諸表の特定の数値と市場株価を比較して，この結果を非上場会社の同種の財務諸表数値に乗じて，当該非上場会社株式を評価する方法である。倍率法，乗数法ともいわれる。

2 特　質

(1) 間接的株価算出法

この評価方法は，鑑定対象会社の会計情報から直接的に株価を算出することなく，上場会社の財務諸表数値を株価との関係に着目して，鑑定対象会社の株価を間接的に算出する手法である。

(2) 資　料

この手法は，鑑定対象会社の財務諸表のみならず，選定された上場会社の財務諸表数値も用いる。

(3) 予測期間の短期性

鑑定基準日の前後の財務諸表数値に依拠する。

(4) 残存価額

計算する必要はない。

(5) 割引率

用いない。

第4章 マーケット・アプローチによる株価鑑定

3 種　　類

(1) 損 益 法

損益法には，代表的には，次のような方法がある。
① 株価売上高比率法
② 株価総利益比率法
③ 株価ＥＢＩＴＤＡ比率法
④ 株価純利益比率法

この手法のほかに，経常利益を用いることもありうるであろう。
なお，第5節の計算例では，株価経常利益比率法も示しておいた。

(2) キャッシュ・フロー法

キャッシュ・フロー法としては，株価キャッシュ・フロー倍率法がある。

(3) 純 資 産 法

純資産法には，次の二つがある。
① 株価簿価純資産倍率法
② 株価時価純資産倍率法

4 計 算 手 順

次のステップで計算する。
① 類似する上場会社を選定する。
② 選定した上場会社と評価対象会社の一株当たり利益や純資産などの財務数値を計算する。
③ 両社の財務数値を比較し，その指標の倍率を計算する。
④ 選定した上場会社の市場株価に倍率を掛けて評価対象会社の株価を算出する。

5　採用手順

類似する上場会社の選定は，その属する業界などさまざまな要素を考慮して決める。この場合，考慮すべき要素を例示するとすれば，次の項目をあげることができる。

① 業　　界
　同じ業界団体あるいは同種類の産業分野に属しているかどうか。
② 取扱商品，サービス
　商品製品やサービスが同種のものあるいは競合するものであるかどうか。
③ 営業などの許認可関係
　事業を行うために同種の許認可などが必要かどうか。
④ 事 業 規 模
　売上高や総資産・従業員数などにおいて事業規模が同程度であるかどうか。
⑤ 成長性，新規性又は成熟度
　新規ビジネス分野あるいは新規製品を取り扱い，高い成長性が見込める業種かどうか，あるいは，既に成熟産業の分野となっているどうか。
⑥ 収 益 性
　収益性において同程度の会社かどうか。
⑦ 地 域 性
　地域色の強い会社の場合，同地域の経済環境にある会社かどうか。
⑧ 事業戦略
　M＆Aを多用するなど事業拡大戦略などが似通っているかどうか。

　選定する会社は，通常，1社だけでなく複数選定する。類似性の高い会社があれば選定する会社は少数でよいと考えられるが，反対に類似性が低い会社しか見つからない場合は，より多くの会社を選定する必要がある。

第3節 損 益 法

1 株価売上高比率法

(1) 算　　式

株価売上高利益率法は，次式で株価が算定される。

① 株主資本価値

$$株主資本価値 = 鑑定対象会社売上高 \times \frac{類似会社時価総額}{類似会社売上高}$$

② 一株当たり評価額

$$一株当たり評価額 = \frac{株主資本価値}{発行済株式総数}$$

2 株価総利益比率法

(1) 算　　式

株価総利益比率法は，次式で株価が算定される。

① 株主資本価値

$$株主資本価値 = 鑑定対象会社総利益 \times \frac{類似会社時価総額}{類似会社総利益}$$

② 一株当たり評価額

$$一株当たり評価額 = \frac{株主資本価値}{発行済株式総数}$$

3 株価ＥＢＩＴＤＡ比率法

(1) 算　　式

株価ＥＢＩＴＤＡ比率法は，次式で株価が算定される。

① 株主資本価値

$$株主資本価値 = 鑑定対象会社EBITDA \times \frac{類似会社時価総額}{類似会社EBITDA}$$

② 一株当たり評価額

$$一株当たり評価額 = \frac{株主資本価値}{発行済株式総数}$$

4 株価純利益倍率法

(1) 算　　式

株価売上高利益率法は，次式で株価が算定される。

① 株主資本価値

$$株主資本価値 = 鑑定対象会社純利益 \times \frac{類似会社時価総額}{類似会社純利益}$$

② 一株当たり評価額

$$一株当たり評価額 = \frac{株主資本価値}{発行済株式総数}$$

第4章 マーケット・アプローチによる株価鑑定

第4節　キャッシュ・フロー法と純資産法

1　株価キャッシュ・フロー倍率法

(1) 算　　式

株価キャッシュ・フロー倍率法は，次式で株価が算定される。

① 株主資本価値

$$株主資本価値 = \frac{鑑定対象会社}{キャッシュ・フロー} \times \frac{類似会社時価総額}{類似会社キャッシュ・フロー}$$

② 一株当たり評価額

$$一株当たり評価額 = \frac{株主資本価値}{発行済株式総数}$$

2　株価簿価純資産倍率法

(1) 算　　式

株価簿価純資産倍率法は，次式で株価が算定される。

① 株主資本価値

$$株主資本価値 = 鑑定対象会社簿価純資産 \times \frac{類似会社時価総額}{類似会社簿価純資産}$$

② 一株当たり評価額

$$一株当たり評価額 = \frac{株主資本価値}{発行済株式総数}$$

3　株価時価純資産倍率法

(1) 算　　式

株価時価純資産倍率法は，次式で株価が算定される。

① 株主資本価値

$$株主資本価値 = 鑑定対象会社時価純資産 \times \frac{類似会社時価総額}{類似会社簿価純資産}$$

② 一株当たり評価額

$$一株当たり評価額 = \frac{株主資本価値}{発行済株式総数}$$

第2部 株価鑑定業務

第5節 計 算 例

1 類似会社財務資料

図表4－1 類似会社財務資料

(単位：百万円)

会 社 名	証券番号	取引所	採 用決算期	発 行 済株式総数	平均株価＊1	①時価総額	②有利子負債	③少数株主持 分	④現預金
				千株		百万円	百万円	百万円	百万円
新日本石油(株)	5001	東証1部	H20/3	1,464,508	653	956,324	1,336,6	119,478	228,907
昭和シェル石油(株)	5002	東証1部	H19/12	376,850	1,001	377,227	183,134	19,336	16,479
コスモ石油(株)	5007	東証1部	H20/3	847,705	313	265,332	521,604	26,814	72,193
東燃ゼネラル石油(株)	5012	東証1部	H19/12	565,182	897	506,968	111,582	1,043	614
新日鉱ホールディングス(株)	5016	東証1部	H20/3	928,462	555	515,296	780,900	83,492	63,807
出光興産(株)	5019	東証1部	H20/3	40,000	8,348	333,920	858,314	31,632	108,185
合 計									
平 均 値									

会 社 名	⑤有価証券	⑥=①+②+③-④-⑤事業価値	⑦売上高	①÷⑦売上高倍率	⑧売 上総利益	①÷⑧売上総利益倍率	⑨営業利益	⑩減 価償却費	⑪=⑨+⑩EBITDA
	百万円	百万円	百万円		百万円		百万円	百万円	百万円
新日本石油(株)	382,771	1,880,7	7,523,9	0.13	541,023	1.768	263,962	152,350	416,312
昭和シェル石油(株)	53,000	510,218	3,082,641	0.12	208,219	1.812	88,813	26,708	115,521
コスモ石油(株)	114,606	626,951	3,523,086	0.08	232,399	1.142	83,796	33,240	117,036
東燃ゼネラル石油(株)	15,063	603,916	3,049,842	0.17	40,084	12.648	7,063	23,377	30,440
新日鉱ホールディングス(株)	263,062	1,052,819	4,339,472	0.12	303,883	1.696	103,186	60,303	163,489
出光興産(株)	171,650	944,031	3,864,263	0.09	305,540	1.093	55,891	77,041	132,932
合 計			25,383,294	0.70	1,631,148	20.157	602,711	373,019	975,730
平 均 値			4,230,549	0.12	271,858	3.36	100,452	62,170	162,622

第4章 マーケット・アプローチによる株価鑑定

会 社 名	⑥÷⑪ EBITDA倍率	⑫ 経常利益	①÷⑫ 経常利益倍率	⑬ 当期純利益	①÷⑬ 当期純利益倍率	⑭ キャッシュ・フロー	①÷⑭ キャッシュ・フロー倍率	⑮ 簿価純資産	①÷⑮ 簿価純資産倍率
		百万円		百万円				百万円	
新日本石油(株)	4.33	275,666	3.47	148,306	6.45	−96,403	△9.91	1,429,2	0.669
昭和シェル石油(株)	4.42	92,709	4.07	43,729	8.63	19,109	19.74	358,269	1.053
コスモ石油(株)	5.36	94,330	2.81	35,152	7.55	−28,591	△9.28	469,726	0.565
東燃ゼネラル石油(株)	19.84	15,073	33.63	7,014	72.28	−12,797	△39.62	214,279	2.366
新日鉱ホールディングス(株)	6.44	192,026	2.68	99,299	5.19	−57,561	△8.95	765,264	0.673
出光興産(株)	7.10	60,695	5.50	4,837	69.03	−18,514	△18.04	527,689	0.633
合 計	47.48	730,499	52.17	338,337	169.13	△194,847	△66.05	3,764,493	5.959
平 均 値	7.91	121,750	8.70	56,390	28.19	△32,475	△11.01	627,416	0.99

＊1 平成20年3月1日から同年3月31日までの終値の平均値

2 鑑定対象会社財務資料

図表4－2 第5期（平成20年3月期）実績値 （単位：千円）

貸借対照表		損益計算書		キャッシュ・フロー計算書	
現金・預金合計	15,000	売 上 高	500,000	営 業 活 動	9,900
				投 資 活 動	−2,000
有 価 証 券	8,000	売上総利益	120,000	合 計	7,900
投資有価証券	10,000				
合 計	18,000	営 業 利 益	28,266		
		減価償却費	834		
有利子負債	0	計：EBITDA	29,100		
純 資 産	105,020	経 常 利 益	28,266		
		当期純利益	170,020		

（注） 第3章第5節鑑定対象会社財務資料参照

第2部 株価鑑定業務

3 株価算定

(1) 損益法

	①	②		③=①*②
	対象会社の売上高*1	類似会社の売上高倍率*2		株主資本価値*3
売上高倍率法	千円			
	500,000	0.12		60,000
			発行済株式総数	1,600
			一株当たり評価額(円)	37,500

	①	②		③=①*②
	対象会社の売上高総利益*1	類似会社の売上相利益倍率*2		株主資本価値*3
売上総利益倍率法	千円			
	120,000	3.36		403,200
			発行済株式総数	1,600
			一株当たり評価額(円)	252,000

	①	②		③=①*②
	対象会社のEBITDA*1	類似会社のEBITDA倍率*2		企業価値(①*②)
EBITDA倍率法	千円			
	29,100	7.91	企 業 価 値	230,181
			有利子負債*1	0
			現 預 金*1	15,000
			有 価 証 券*1	18,000
			株主資本価値*3	197,181
			発行済株式総数	1,600
			一株当たり評価額(円)	123,238

第4章　マーケット・アプローチによる株価鑑定

	①	②		③＝①＊②
	対象会社の経常利益[*1]	類似会社の経常利益倍率[*2]		株主資本価値[*3]
経常利益倍率法	千円			
	28,266	8.70		245,914
			発行済株式総数	1,600
			一株当たり評価額(円)	153,696

	①	②		③＝①＊②
	対象会社の当期純利益[*1]	類似会社の当期純利益倍率[*2]		株主価値[*3]
当期純利益倍率法	千円			
	170,020	28.19		4,792,864
			発行済株式総数	1,600
			一株当たり評価額(円)	2,995,540

*1　「鑑定対象会社財務資料」参照
*2　「類似会社財務資料」参照
*3　株主価値がマイナスとなるときは，一株当たり評価額は備忘価額1円としている。

(2) **キャッシュ・フロー法**

	①	②		③＝①＊②
	対象会社のフリーキャッシュ・フロー[*1]	類似会社のフリーキャッシュ・フロー[*2]		株主資本価値[*3]
当期純利益倍率法	千円			
	7,900	△11.01		△86,979
			発行済株式総数	1,600
			一株当たり評価額(円)	1

*1　「鑑定対象会社財務資料」参照
*2　「類似会社財務資料」参照

第2部 株価鑑定業務

＊3 株主資本価値がマイナスとなるときは，一株当たり評価額は備忘価額1円としている。

(3) 純資産法

	① 対象会社の簿価純資産＊1	② 類似会社の簿価純資産倍率＊2		③＝①＊② 株主資本価値＊3
簿価純資産倍率法	千円			
	105,020	0.99		103,970
			発行済株式総数	1,600
			一株当たり評価額(円)	64,981

＊1 「鑑定対象会社財務資料」参照
＊2 「類似会社財務資料」参照
＊3 株主資本価値がマイナスとなるときは，一株当たり評価額は備忘価額1円としている。

【参考文献】

1 日本公認会計士協会（2007）「企業価値評価ガイドライン」，経営研究調査会研究報告第32号，日本公認会計士協会
2 西澤脩（2005）「企業価値の会計と管理」，白桃書房
3 日本公認会計士協会（1993）「株式等鑑定評価マニュアル」，日本公認会計士協会

第5章　ネットアセット・アプローチによる株価鑑定

　ネットアセット・アプローチは，企業の純資産に着目して，株価を鑑定する。貸借対照表を用いて株価を算出するから，算出過程が理解されやすい。

　このアプローチには，簿価純資産法と時価純資産法がある。後者には，再調達時価純資産法と清算処分時価純資産法がある。その他，紛争処理において用いることはできないが，目安として活用できる手法として国税庁時価純資産法がある。

　この評価方法は，次のような場合に適用できるとされている（日本公認会計士協会（1993）Ⅴ－1）。

① 企業が清算手続中である場合，または清算を予定している場合
② 企業経営が順調でなく，利益が少ないかまたは赤字体質である場合
③ 過去に蓄積された利益に比し，現在または将来の見込利益が少ない場合
④ 資産の大部分が不動産であり，かつ清算が容易に行えるような場合等

第1節 評　価　法

1　簿価純資産法

(1) 意　　義
簿価純資産法は，適正に測定され，表示された帳簿価額による純資産を発行済株式総数で除して，株価を算定する評価法である。

(2) 算　　式
　　一株当たり評価額＝簿価純資産価額÷発行済株式総数

(3) 評価目的
譲渡制限株式の売渡請求者の供託金額は，簿価純資産法による（会社法第141条第2項）。

(4) 留意事項
① 採用条件

評価会社に多額の含み損や含み益がないことが条件となる。また，極めて遠い過去のように，時価の算出が困難である場合，実務上の簡便性や紛争当事者の合意によって採用される場合がある。

事案によっては，貸借対照表が提示されない場合もあるが，この場合には採用できない。

② 尊重せざるを得ない価値

取締役，監査役は取締役会に出席し，決議事項のほかに，通常は，月次の財務報告を受けるのが，通常である。取締役と監査役は，職務遂行上，特定時点の財政状態と経営成績を把握しているから，財政状態の一つの指標として簿価純資産価額ないしは自己資本金額は月次で認識していることになる。

さらに，年次では，監査役の監査を受け，監査報告書を添付された財務諸表

が株主総会で承認される。大会社のように会計監査人の監査を受けている場合には，財務諸表に対する会計監査人の監査意見も表明される。会計監査人と監査役の監査報告書の添付された財務諸表は株主総会で承認を受ける。

このように，取締役が経営判断を適時に行い，監査役は的確な監査判断を行うために，財政状態と経営成績を通常月次で把握しているから，職務を全うしている限り，簿価純資産価額で測定した株主資本価値を月次で認識していることになる。

会計監査人も年次財務諸表に対し監査意見を表明するということは，貸借対照表の適正性を認めているのであるから，貸借対照表の一部としての簿価純資産価額で測定された株主資本価値を結果的に認めていることになる。

最終的には，株主総会の承認も受けるのであるから，株主も同じく簿価純資産価額で測定された株主資本価値を承認したことになる。

このように，法的，制度的に要求された会議体において報告を受け，会社法上，制定された監査役や会計監査人の監査を受け，当該監査報告を受けた上で株主総会で承認されるのであるから，この過程で報告され，監査され，承認された簿価純資産価額は株価鑑定上，無視することは困難である。

③ 会計ビッグバン以降の帳簿価格の意味

第3節で詳述するが，会計ビッグバン以降は，時価会計が導入され，帳簿価額といっても，かつての取得原価主義会計がすべての勘定科目で堅持されることがなくなり，時価を付される勘定科目もある。このため，「簿価」純資産といっても，「部分的時価評価簿価」純資産の性格になりつつあることを確認しておきたい。

2 再調達時価純資産法

(1) 意　義

再調達時価を用いて，時価純資産価額を算出し，株価を算定する方法である。この算出株価は，企業を新たに取得することを前提とした価額である。

(2) 算　　式

　　一株当たり評価額＝再調達時価純資産価額÷発行済株式総数

(3) 評価目的

再調達時価純資産法は同一の事業の継続を前提としており，現時点で事業を開始した場合と同様の価値を算定する方法である（日本公認会計士協会（1993）Ⅴ－1－(2)－(1)）。

このため，企業買収を行うにあたっての株価算定には，同一の事業の継続を前提とした再調達時価純資産方式がよく用いられる。

(4) 留意事項

① 資産の評価

価格時点の再調達時価で再評価する。

② 負債の評価

要弁済額で測定する。

③ 含み益，含み損の処理－税効果

現在は，税効果会計が強制適用であるから，会計基準を尊重すれば，税効果を認識すべきであろう。

3　清算処分時価純資産法

(1) 意　　義

処分時価を用いて，時価純資産価額を算出し，株価を算定する方法である。

(2) 算　　式

　　一株当たり評価額＝清算処分時価純資産価額÷発行済株式総数

(3) 評価目的

清算会社の株価評価に用いられる。

(4) 留意事項
① 適用対象
解散を前提としている会社や，収益力が低下し含み資産があり，この処分をして会社存続を意図しているような状況にある会社の株式評価に用いられる。
② 資産の評価
処分時価を用いる。このため，かなり評価額は低めになる。

4　その他－国税庁純資産法

(1) 意　義
国税庁長官による財産評価基本通達に規定する価額を用いて純資産を算出し，株価を算定する方法である。

(2) 算　式
一株当たり評価額＝純資産価額÷発行済株式総数

(3) 評価目的
相続税，贈与税の非上場株式の評価額を用いて算定する。

(4) 留意事項
この評価法は，紛争処理においては，原則的には用いてはならない。

なぜなら，会社法，会社更生法と租税法は異なる法典であり，評価目的が異なるのであるから，課税価格の算定を目的とした租税法適用上の評価手法を用いてはならない。

例外的に，許容される場合として，次がある。
① 当事者双方が，合意した場合
② 価格時点と鑑定実施時点とがあまりに乖離し，不動産鑑定士の鑑定評価意見を求めることが困難な場合で，当事者と裁判所が合意した場合

第2節　鑑定手続

1　鑑定基準日と時点補正

　裁判における株価鑑定においては，裁判所から鑑定事項の一つとして鑑定基準日（価格時点）を指定される。
　この鑑定基準日は，通常，鑑定対象会社の貸借対照表日とは異時点である。さらに，月末，四半期末，半期末とも異なるのが通常である。
　鑑定人は，鑑定基準日における株価鑑定を求められているのであるから，ネットアセット・アプローチによる評価法を用いて，株価を算定する場合には，鑑定基準日における貸借対照表を作成しなければならない。すなわち，時点補正が必要となる。

2　鑑定基準日の貸借対照表作成

　鑑定対象会社の会計情報システムの運用体制次第で，各事案ごとに異なると思うが，標準的な時点補正手続を解説することとする。

(1)　鑑定基準日の試算表の入手

　リスクマネジメントの一環として，早期警戒システムとしての日次決算が可能となるような会計情報システムの構築と運用がなされている鑑定対象会社の場合，鑑定基準日の試算表が入手できる。この場合には，当該鑑定基準日の残高に依拠する。
　会計情報システムの運用が日次に行われていない場合で，鑑定基準日の試算表が入手できない場合には，次の代替的手続を取る。ただし，この代替的手続を採択する場合には，鑑定基準日前後数か月の合計残高試算表を入手し，鑑定基準日前後において，株価を乱高下させる経営事象が発生していないかどうか，検証しておく必要がある。
　①　鑑定基準日を含む月か鑑定基準日の前月の試算表を入手し，当該月末残

高か前月末残高に依拠する。鑑定基準日が月末か月初に近い場合には，許容されるであろう。

② 鑑定基準日の含む月と鑑定基準日の前月試算表を入手し，前月末と鑑定基準日，鑑定基準日と月末までの日数で期間按分し，鑑定基準日の残高試算表を求める。鑑定基準日が，15日前後の場合には，この手法も許容されるであろう。

(2) 主要勘定残高の確定

鑑定基準日の残高試算表が入手できた場合には，当該試算表上の勘定残高の正確性を検証し，代替的手続で勘定残高を入手した場合にはさらに，当該残高の鑑定基準日への残高調整が必要となる。以下，主要勘定残高の検証ないしは，残高調整による勘定残高確定手続の概要を解説する。なお，この検証作業ないしは，残高調整作業を遂行できるだけの確証の入手ができない場合は，鑑定意見書上，鑑定手続の制約事項として明記した上で，当該鑑定基準日の残高試算表か月末残高，または前月末残高，計算上の残高のいずれかに依拠する旨を記載しておく。

① 現 預 金

現金出納帳や預金通帳によって，鑑定基準日の残高を確認するとともに，預金については，銀行から残高証明書を入手する。

② 債権・債務

鑑定基準日前後に決算日がある場合には，債権の回収額，債務の支払額を把握するとともに，鑑定基準日までの売上高，仕入高等を売上帳，仕入帳等によって把握し，鑑定基準日の残高を検証ないしは調整する。確認状を入手できる場合には，当該確認状によって確認された金額に依拠する。

③ 棚卸資産

帳簿棚卸や実地棚卸を日次で行っている会社なら，帳簿棚卸金額，実地棚卸金額を入手し，鑑定基準日の残高とする。

④ 不 動 産

鑑定基準日の前月末と月末残高を把握するとともに，鑑定基準日前後の固定資産の購入，除却等固定資産取引を検証し，鑑定基準日の残高を検証ないしは調整する。

⑤ 借 入 金

借入金返済明細を入手し，鑑定基準日前後の新規借入金額と返済金額を検証するとともに，銀行より残高確認書を入手し，鑑定基準日の残高検証ないしは，残高調整する。

(3) **鑑定基準日当時の会計基準の確認と決算整理**
① **準拠する会計基準の確認**

1997年（平成9年）6月の連結財務諸表原則の改正以来，いわゆる会計ビッグバンと称して，断続的に会計基準の設定や改正が行われ，これにともない，商法改正や会社法の制定が行われた。

事件によっては，昭和時代が鑑定基準日となることがある。このような場合が典型であるが，同じ経営事象を認識・測定・表示しても，鑑定基準日の会計基準次第で貸借対照表は異なることとなる。

また，提示された試算表や，財務諸表が，鑑定基準日当時の会計基準に準拠して作成されていない場合もある。

このような場合，鑑定人判断で鑑定基準日現在の会計基準に準拠した貸借対照表を作成し，鑑定意見の形成を行うことが基本であるが，事案によっては，それも困難な場合があることもある。このような場合には，事前に，当事者と裁判所に提示された試算表や財務諸表に依拠する旨を説明し，当事者と裁判所の承認を受けるべきである。

② **決 算 整 理**

鑑定基準日を決算日と想定し，決算修正仕訳が必要となる。決算整理事項としては未経過勘定や評価性引当金等の整理もあるが，ここでは代表的な事項として，減価償却を例示しておく。

鑑定対象企業に，月次決算の処理方法につき確認し，減価償却が月次で計上されていれば，その数値に依拠すればよい。厳密には，鑑定基準日までの日割り計算をして減価償却費の計上をすべきであるが，鑑定基準日の月末までの数値を用いても，保守主義の見地から許容されるであろう。

(4) 鑑定基準日の時価評価

これまでのステップで，鑑定基準日の帳簿残高が確定し，簿価純資産価額が算定可能となる。

しかし，株価鑑定実務では，鑑定基準日の貸借対照表価額につき会計監査人の監査証明が付されることは，ありえないから，鑑定基準日が会計ビッグバン開始以後である場合には，第一に現行会計基準による時価評価，次に，時価純資産法が採択される場合には，さらに鑑定基準日の資産・負債の時価評価が行われなければならない。

① 簿価純資産法の場合

『金融商品に係る会計基準』，『固定資産の減損に係る会計基準』等現行会計基準に準拠した時価評価が行われなければならない。この簿価純資産法採用時の前提となる時価会計については，次節を参照されたい。

② 時価純資産法の場合

鑑定対象企業の商業帳簿は，とくに，会計監査人の監査を受けている場合には，現行会計基準に従って，個々の資産，負債につき，時価が付されているが，会計監査を受けていない企業や会計監査を受けていても，ここでいう株価鑑定のための鑑定基準日の時価とは，時価の種類と時点が異なるから，さらに株価鑑定目的に時価評価がなされなければならない。この詳細は，第4節を参照されたい。

第3節　連結財務諸表の作成

　鑑定対象企業が，子会社株式，関連会社株式を保有している場合には，重要性に乏しい場合を除き，連結財務諸表に依拠した，簿価純資産価額や時価純資産価額が算出されるべきである。

　この場合，全部連結を行う必要はなく，持分法を用いた簡易連結で許容される。簿価純資産であれ，時価純資産であれ，純資産価額の算出が目的となるのであるから，企業集団全体の個々の資産の合計額は株価鑑定には必要ないのである。

第4節　簿価純資産法における時価概念

1　時価会計の台頭

　現代の企業会計は，いわゆる会計ビッグバンによって取得原価主義から時価評価へ大転換した。具体的には，次の一連の改訂や設定が契機となった。
　①　1997年（平成9年）6月，『連結財務諸表原則』改訂
　②　1998年（平成10年）6月，『退職給付に係る会計基準』設定
　③　1999年（平成11年）1月，『金融商品に係る会計基準』設定
　④　2002年（平成14年）8月，『固定資産の減損に係る会計基準』設定
　この大変革は，時価評価が国際的なグローバル・スタンダード（global standard）であり，デファクト・スタンダード（de fact standards）となっており，これに歩み寄るために行われた。
　この一連の断続的会計基準の設定，改訂によって，主要資産，負債の時価評価が強制されるようになった。
　さらに，一歩進めて米国FASBは，ＦＡＳ第157号（2006年9月）に『公正価値の測定』を公表し，全資産・負債の時価評価を要求するに至っている。

2　時価概念の整理

　わが国における紛争処理会計を前提とすれば，『財務会計の概念フレームワーク』（企業会計基準委員会，2004年7月）第4章に従って，資産と負債の時価の類似概念を理解しておくべきであろう。
　この企業会計基準委員会の見解は，現行会計基準で用いられている概念に加えて，将来用いられる概念も含まれているから，各事案ごとに時価概念を整理しながら鑑定を進めることが肝要である。
　図表5－1に，簡単に整理したうえで，用語の定義のみ，引用しておくこととする。

第2部　株価鑑定業務

(1) 資　産

① 市場価格

特定の資産について，流通市場で成立している価格をいう。日本の現行基準においては，市場価格と時価が異なる意味で使われている。狭い意味で使われているのは市場価格であり，この用語は実際に市場が存在する場合にしか用いられない。これに対し，時価は公正な評価額と同義であり，観察可能な市場価格のほか，推定された市場価格なども含む。

② 再調達原価

再調達原価とは，購買市場と売却市場が区別されている場合において，購買市場で成立している価格。

③ 正味実現可能価額

正味実現可能価額とは，購買市場と売却市場が区別されている場合において，売却市場（当該資産を売却処分する場合に参加する市場）で成立している価格から，見積り販売経費（アフター・コストを含む）を控除したもの。

④ 割引価値

資産の利用から得られる将来キャッシュ・フローの見積額を，何らかの割引率によって，測定時点まで割り引いた測定値。

⑤ 利用価値

資産の利用から得られる将来キャッシュ・フローを測定時点で見積りも，その期待キャッシュ・フローをその時点の割引率で割り引いた測定値。

⑥ 市場価格を推定するための割引価値

市場で平均的に予想されているキャッシュ・フローと市場の平均的な割引率を測定時点で見積もり，前者を後者で割り引いた測定値。

⑦ 入金予定額

資産から期待される将来キャッシュ・フローを単純に合計した金額。

⑧ 被投資企業の純資産額に基づく額

被投資企業の純資産のうち，投資企業の持分に対応する額。

第5章 ネットアセット・アプローチによる株価鑑定

(2) 負　　　債

① 市 場 価 格

(1)－①と同じ。

② 割 引 価 値

(1)－④と同じ。

③ リスクフリー・レートによる割引価値

測定時点で見積もった将来のキャッシュ・アウトフローをその時点におけるリスク・フリーレートで割り引いた測定値。

④ リスクを調整した割引率による割引価値

測定時点で見積もった将来のキャッシュ・アウトフローを，その時点における報告主体の信用リスクを加味した最新の割引率で割り引いた測定値。

⑤ 将来キャッシュ・フローのみを継続的に見積もり直した割引価値

測定時点で見積もった将来のキャッシュ・アウトフローを，負債が生じた時点における割引率で割り引いた測定値をいう。

⑥ 将来キャッシュ・フローを見積もり直さず，割引率も改訂しない場合

負債が生じた時点で見積もった将来のキャッシュ・アウトフローをその時点の割引率によって割り引いた測定値をいう。

⑦ 支払予定額

負債の返済に要する将来キャッシュ・フローを単純に合計した金額。

⑧ 現金受入額

財・サービスを提供する見返りに受け取った現金または，現金同等物の金額。

図表 5 − 1　時価類似概念

資　　　　産	負　　　　債
1．市　場　価　格 　(1)　購買市場と売却市場が区別されない場合 　(2)　購買市場と売却市場が区別される場合 　　①　再調達原価 　　②　正味実現可能価額 2．割　引　価　値 　(1)　将来キャッシュ・フローと割引率の継続的再見積と改訂 　　①　利用価値 　　②　市場価格を推定するための割引価値 　(2)　将来キャッシュ・フローのみ継続的再見積 3．入金予定額 4．被投資企業の純資産額に基づく額	1．市　場　価　格 2．割　引　価　値 　(1)　将来キャッシュ・フローと割引率の継続的再見積と改訂 　　①　リスクフリー・レートによる割引価値 　　②　リスク調整割引率による割引価値 　(2)　将来キャッシュ・フローのみ継続的再見積 　(3)　将来キャッシュ・フローも割引率も不変 3．支払予定額 4．現金受入額

　この時価類似概念は，さらに包括的・抽象的時価と個別的・具体的時価に大別される（西澤（2007）p.8）が，株価鑑定の出発点としては，個別的・具体的時価が評価されねばならない。

3　資産の個別的・具体的時価

　現行会計基準に基づき，主要資産の個別的・具体的時価を整理しておきたい。この時価は，市場価格がある場合とない場合，さらに各資産によって具体的時価概念が異なる。

(1)　金融商品
①　市場価格がある場合：市場価格に基づく価額
　市場とは，「公設の取引所およびこれに類する市場のほか，随時，売買，換

金等を行うことができるシステム」をいい，市場価格とは「市場において形成されている取引価格，気配または指標その他の相場」をいい。それに基づく価額が時価とされる（『金融商品会計基準』二，（注2））。

② 市場価格がない場合：合理的に算定された価額

市場価格がない場合または市場価格を時価とみなせない場合，時価は，合理的に算定された価額による。この合理的に算定された価額とは以下の方法で算定された価額をいう（『金融商品会計基準実務指針』par.54）。

　a．類似金融資産市場価格調整法
　b．将来キャッシュ・フロー割引現在価値法
　c．理論値モデル等活用法

(2) 棚卸資産

『棚卸資産の評価に関する会計基準』（企業会計基準委員会，平成18年7月）によれば，上記金融商品会計基準同様，「時価」を公正な評価額と定義し（Par.4），市場価格に基づく価額と規定している。市場価格が観察されない場合には，合理的にされた価額を公正な評価額とする。

① 通常の販売目的で保有する棚卸資産

取得原価でもって貸借対照表価額とし，期末における正味売却価額が取得原価よりも下落している場合には，正味売却価額（売価−見積追加製造原価−見積販売直接経費）をもって貸借対照表価額とする。この正味売却価額の算定をする場合の売価は，次のように決定する（par.7，8）。

　a．売却市場において市場価格が観察できるとき
　　売却市場の時価
　b．売却市場において市場価格が観察できないとき
　　合理的に算定された価額

② トレーディング目的で保有する棚卸資産

市場価格に基づく価額をもって貸借対照表価額とする（par.15）。

(3) 固定資産の個別的・具体的時価

簿価純資産法を採用する場合には，固定資産の減損損失を認識する必要がなければ，固定資産は，帳簿価額すなわち取得原価が付されている。

固定資産の減損損失を認識しなければならない場合には，時価評価が行われるが，減損損失を認識・測定する場合の時価として，回収可能価額がある。

回収可能価額とこれに関連する用語は次のように定義されている（『減損会計基準』注解1）。

a．回収可能価額

　資産または資産グループの正味売却価額と使用価値のいずれか高い方の価額

b．正味売却価額

　資産または資産グループの時価から処分費用見込額を控除して算定される金額

c．使用価値

　資産または資産グループの継続的使用と使用後の処分によって生ずると見込まれる将来キャッシュ・フローの現在価値

なお，金融商品同様，固定資産の場合も市場価格のある場合とない場合に分けて，時価について規定し，前者は市場価格に基づく価額，後者は合理的に算定された価額を時価と定義している（『減損会計基準』注解1－3）。

① 市場価格がある場合：市場価格に基づく価額

正味売却価額を算定するにあたって観察可能な市場価格が存在する場合は，市場価格による（『減損会計基準適用指針』par.28－(1)）。

固定資産の場合には，市場価格が観察可能な場合は多くないから，次の指標が容易に入手できる場合には，それを準用できる（『減損会計基準適用指針』par.90）。

a．実勢価格や査定価格等の評価額

b．土地の公正価格や路線化等の価格指標

② 市場価格がない場合：合理的に算定された価額

　固定資産の市場価格が観察できない場合には，合理的に算定された価額が市場時価に準ずるものとして，時価となるが，算定方法は次のとおりとされる（『減損会計基準適用指針』，par.28－(2)）。

　a．不　動　産

　　「不動産鑑定評価基準」に基づいて算定する。

　b．その他の固定資産

　　コスト・アプローチ，マーケット・アプローチ，インカム・アプローチによる。

4　負債の個別的・具体的時価

(1)　退職給付引当金

　退職給付債務（±未認識過去勤務債務±未認識数理計算上の差異）から年金資産の額を控除した額が負債として計上される（『退職給付に係る会計基準』二－1）。

　退職給付債務とは，一定の期間にわたり労働を提供したこと等の事由に基づいて，退職以後に従業員に支給される給付のうち認識時点までに発生していると認められるものをいい，割引計算により測定される（『退職給付に係る会計基準』一－1）。

第5節　時価純資産法における時価評価

　第3節では，現行会計基準を前提として，この会計基準の枠組みの中での時価会計について略述したが，株価鑑定目的では，現行会計基準の規定する時価会計以外の資産について，時価評価が行われることがある。以下，代表的な対象資産・負債の時価評価について解説する。

1　不　動　産

　原則的には，株価鑑定基準日における不動産鑑定士の不動産鑑定評価意見を求めるべきである。

　しかし，対象不動産が量的に莫大であったり，地理的にも広範に存在している場合や当事者の不動産鑑定報酬支払能力に限界があるような場合には，不動産鑑定士の鑑定評価意見を求められないことがある。

　この場合には，次の事項を裁判所や当事者と協議し，合意が成立したことを条件に，株価鑑定に着手すべきである。

① 不動産鑑定士の起用の有無
② 不動産鑑定士の鑑定評価意見を求める対象不動産
③ 不動産鑑定士の鑑定評価意見に依拠しない場合の不動産の評価基準

　全部または一部の対象不動産につき不動産鑑定士の鑑定評価意見に依拠できない場合には，通常は，路線価や固定資産税評価額に依拠せざるを得ないが，株価鑑定人は不動産鑑定の専門家ではないから，最も望ましいのは，裁判所に鑑定事項の一部として，不動産鑑定士の鑑定評価意見に依拠できない対象不動産と当該対象不動産の評価基準と評価額を指示してもらい株価鑑定に着手すべきである。

　なお，この場合でも，鑑定意見書に裁判所指定鑑定事項であることを明記するとともに，前提が異なれば，鑑定意見も異なることを鑑定意見上明記し，責任の限定をすべきである。

2 美術品，書画，骨董品

これらは，通常，「備品」に含められていると想定されるが，これらは，時の経過とともに陳腐化や劣化が生じるよりも，価値が増加することもある。この場合，専門家による鑑定評価意見が求められるべきである。

3 無形固定資産

典型的には，特許権のように強力な収益力の源泉である場合，当該資産の時価が算定されなければならない。

4 ソフトウエア

コンピュータ・通信システムの時価が帳簿価額と大きく乖離することがある。この場合もソフトウエア鑑定が行われる必要がある。

5 有利子負債

現行会計基準では，負債の時価評価は行われない。しかし，鑑定目的によっては，有利子負債の時価が争点となることがある。

6 退職給付引当金

未認識過去勤務債務，未認識数理計算上の差異，会計基準変更時差異は，鑑定基準日現在で一括償却する。

第２部　株価鑑定業務

第６節　計　算　例

1　鑑定対象会社財務資料

第３章第５節鑑定対象会社財務資料参照。

2　純資産価額の算定

紛争処理株式会社

平成20年３月25日　　　　　　　　　　　　　　　（単位：千円）

勘定科目	帳簿価額	修正	時価	勘定科目	帳簿価額	修正	時価
現　　　　　金	100		100	買　掛　　金	395,000		395,000
普　通　預　金	12,900		12,900	未払法人税等	11,346		11,346
定　期　預　金	2,000		2,000	未払消費税等	4,900		4,900
商　　　　　品	25,000		25,000	繰延税金負債(流)	0	2,800	2,800
売　　掛　　金	450,000		450,000	流動負債合計	411,246	2,800	414,046
貸倒引当金（売）	−900		−900	繰延税金負債(固)	0		0
有　価　証　券	8,000	2,000	10,000	固定負債合計	0		0
流動資産合計	497,100		497,100	負　債　合　計	411,246	2,800	414,046
車　両　運　搬　具	2,000		2,000	資　本　　金	80,000		80,000
減価償却累計額	−834		−834	別　途　積　立　金	8,000		8,000
建　設　仮　勘　定	7,500		7,500	繰越利益剰余金	17,020		17,020
有形固定資産計	8,666		8,666	有価証券評価差額		4,200	4,200
電　話　加　入　権	500		500				0
無形固定資産計	500		500				0
投　資　有　価　証　券	10,000	5,000	15,000				0
繰延税金資産(固)	0		0				0
投資その他の資産合計	10,000		10,000				0
固定資産合計	19,166		19,166	純資産合計	105,020	4,200	109,220
資　産　合　計	516,266	7,000	523,266	負債・純資産合計	516,266	7,000	523,266

第5章 ネットアセット・アプローチによる株価鑑定

(1) 簿価純資産価額：105,020,000円
(2) 時価純資産価額：109,220,000円

3 株価算定

(単位：円)

	純資産価額	発行済株式総数	一株当たり評価額
簿価純資産法	105,020,000	1,600	65,637
時価純資産法	109,220,000	1,600	68,262

【参考文献】
1 日本公認会計士協会（1993）「株式等鑑定評価マニュアル」，日本公認会計士協会
2 西澤脩（2007）「時価評価の会計と管理」，東京リーガルマインド

第3部

計算鑑定業務

第6章　計算鑑定の損害額算定モデル

第1節　知的財産における権利保護規定

1　特許法における権利保護規定

　特許法，実用新案法，商標法，意匠法及び著作権法における保護規定について，特許法を中心にまとめてみると，図表6－1のようになる。なお，実用新案法，商標法，意匠法及び著作権法に関しても同様の保護規定となっている。

　これらの中でも，特に公認会計士にとって重要な五つの条文について簡単に示すと下記のとおりである。

(1)　**損害賠償請求権（民法第709条）**

　損害額の推定等に関しては特許法第102条に規定されている。三つの損害額算定モデルが示されており，権利者はそれぞれのモデルの特徴を検討し，いずれかにより損害額の請求を行うことになる。なお，損害賠償請求権は民法第709条に基づいている。

(2)　**具体的態様の明示義務（特許法第104条の2）**

　権利者が権利侵害訴訟において侵害者の物件や方法が権利侵害をしている旨の具体的態様を否認した場合，侵害者は，自己の行為の具体的な態様を明らかにしなければならない。立証責任は基本的に侵害者側にあることを示している。その分，権利者の責任が軽減されたことを意味する。通常であれば，権利者が，「侵害者が当該特許権を侵害した」ことを立証しなければならないが，特許権の場合は，侵害者の方が，「自分は当該特許権を侵害していない」ことを証明しなければならないとするものである。

(3) 書類の提出義務（特許法第105条1項）

裁判所は，損害額計算に必要な書類のみならず，侵害行為の立証に必要な書類も，当事者に対して提出を命ずることが可能になった。いわゆる文書提出命令と言われるもので，正当な理由なくこれを拒否できないことから，侵害行為の立証目的での命令は，裁判の迅速化につながるものであり，損害額計算目的での命令は，計算の迅速化と適正化に有用なものである。

(4) 計算鑑定人制度（特許法第105条の2）

損害額の計算に必要な事項に関して，経理・会計の専門家を計算鑑定人に命じた場合，当事者は計算鑑定に必要な事項について説明しなければならない。損害額の計算の基礎となる書類では専門用語やコンピュータ記号が多用されており，会計専門家にしか分からないものがある。この場合，損害額を迅速かつ適正に計算するために，裁判所は鑑定人を選任することができるのである。

(5) 相当な損害額の認定（特許法第105条の3）

特許等の権利侵害訴訟において，権利侵害が発生したものの，損害額を立証するのが困難な場合，裁判所は，口頭弁論の全趣旨及び証拠調べの結果に基づいて，相当な損害額を認定することができる。損害額を正確に計算するのに十分な資料が得られない可能性がある。また，損害額に占める当該特許の寄与率については，正確な計算が困難である。こういった現実に照らし，裁判所が認定できることにしたものである。

特許法における権利保護規定を要約すると図表6－1のとおりである。同図表は要約のため，該当の条文を実際に参照されたい。実用新案法，意匠法，商標法及び著作権法においても同様の保護規定になっている。

第6章 計算鑑定の損害額算定モデル

図表6−1 特許法の権利保護規定（要約）

権利保護規定	特許法	
	根拠条文	内容
補償金請求権	65条1項	特許出願人は，出願公開があった後に特許出願に係る発明の内容を記載した書面を提示して警告をしたときは，その警告後特許権の設定の登録前に業としてその発明を実施した者に対し，その発明が特許発明である場合にその実施に対し受けるべき金銭の額に相当する額の補償金の支払を請求することができる。
差止請求権	100条1項	自己の特許権又は専用実施権を侵害する者らに対して，その侵害の停止又は予防を請求することができる。
	100条2項	差止請求をするに際し，侵害品の廃棄，侵害行為に供した設備の除却その他の侵害の予防に必要な行為を請求することができる。
損害の額の推定等	102条1項	侵害者に対して損害賠償を請求する場合，その者が侵害品を譲渡したときは，<u>譲渡数量</u>に，<u>権利者が販売することができた物の単位数量当たりの利益の額</u>を乗じて得た額を，<u>権利者の実施の能力に応じた額を超えない限度</u>において，損害額とすることができる。ただし，譲渡数量の全部又は一部に相当する数量を権利者が販売することができないとする事情があるときは，当該事情に相当する数量に応じた額を控除するものとする。
	102条2項	侵害者に対して損害賠償を請求する場合，<u>侵害者が侵害行為により受けた利益</u>を，権利者の受けた損害の額と推定する。
	102条3項	侵害者に対し，<u>特許発明の実施に対し受けるべき金銭の額に相当する額の金銭</u>を，権利者が受けた損害の額としてその賠償を請求することができる。
具体的態様の明示義務	104条の2	侵害訴訟において，権利者が侵害品又は侵害方法の具体的態様を否認するときは，侵害者は，自己の行為の具体的態様を明らかにしなければならない。
書類の提出	105条1項	裁判所は，特許権侵害訴訟において，当事者の申立てにより，当事者に対し，当該侵害行為について立証するため，又は当該侵害の行為による損害の計算をするため必要な書類の提出を命ずることができる。

第3部　計算鑑定業務

鑑　　　　定	105条の2	特許権侵害訴訟において，当事者の申立てにより，裁判所が当該侵害の行為による損害の計算をするため必要な事項について鑑定を命じたときは，当事者は，鑑定人に対し，当該鑑定をするため必要な事項について説明しなければならない。
相当な損害額の認　　　　定	105条の3	特許権侵害訴訟において，損害が生じたことが認められる場合において，損害額を立証するために必要な事実を立証することが当該事実の性質上極めて困難であるときは，裁判所は，口頭弁論の全趣旨及び証拠調べの結果に基づき，相当な損害額を認定することができる。
秘密保持命令	105条の4	裁判所は，特許権侵害訴訟において，その当事者が保有する営業秘密について，所定の事由（本図表では省略）のいずれにも該当することにつき疎明があった場合には，当事者の申立てにより，決定で，当事者等，訴訟代理人又は補佐人に対し，当該営業秘密を当該訴訟の追行の目的以外の目的で使用し，又は当該営業秘密に係るこの項の規定による命令を受けた者以外の者に開示してはならない旨を命ずることができる。
信用回復措置請　求　権	106条	権利を侵害したことにより権利者の業務上の信用を害した者に対しては，裁判所は，権利者の請求により，損害の賠償に代え，又は損害の賠償とともに，権利者の業務上の信用を回復するのに必要な措置を命ずることができる。
侵　害　の　罪	196条	侵害者は，10年以下の懲役若しくは1000万円以下の罰金に処し，又はこれを併科する。
	196条の2	権利侵害行為とみなされる行為（間接侵害，特許法101条）を行った者は，5年以下の懲役若しくは500万円以下の罰金に処し，又はこれを併科する。
詐欺の行為の罪	197条	詐欺の行為により特許，特許権の存続期間の延長登録又は審決を受けた者は，3年以下の懲役又は300万円以下の罰金に処する。
虚偽表示の罪	198条	第188条（虚偽表示）の規定に違反した者は，3年以下の懲役又は300万円以下の罰金に処する。
偽　証　等　の　罪	199条1項	この法律の規定により宣誓した証人，鑑定人又は通訳人が特許庁又はその嘱託を受けた裁判所に対し虚偽の

第6章 計算鑑定の損害額算定モデル

		陳述，鑑定又は通訳をしたときは，3月以上10年以下の懲役に処する。
両 罰 規 定	201条1項	法人の代表者又は法人若しくは人の代理人，使用人その他の従業者が，その法人又は人の業務に関し，次の各号に掲げる規定の違反行為をしたときは，行為者を罰するほか，その法人に対して当該各号で定める罰金刑を，その人に対して各本条の罰金刑を科する。 1．第196条，第196条の2又は前条第1項　3億円以下の罰金刑 2．第197条又は第198条　1億円以下の罰金刑

2　不正競争防止法における権利保護規定

　不正競争防止法における保護規定をまとめると，図表6－2のとおりとなる。

　不正競争防止法は，特許権といった権利として登録されていないデザイン，商品・サービス及び営業上の秘密といった知的資産に関して，「事業者間の公正な競争及びこれに関する国際約束の的確な実施を確保するため，不正競争の防止及び不正競争に係る損害賠償に関する措置等を講じ」(同法第1条)たものである。図表6－2は，知的資産分野に対応する不正競争防止法が規定している各種法規制を示している。

図表6－2　不正競争防止法の保護規定

権利保護規定	不正競争防止法	
	根拠条文	内　　　容
差止請求権	3条1項	不正競争によって営業上の利益を侵害され，又は侵害されるおそれがある者は，その営業上の利益の侵害者に対して，その侵害の停止又は予防を請求することができる。
	3条2項	不正競争によって営業上の利益を侵害され，又は侵害されるおそれがある者は，差止請求をするに際し，侵害品の廃棄，侵害の行為に供した設備の除却その他の侵害の停止又は予防に必要な行為を請求することができる。

111

第3部　計算鑑定業務

損害賠償請求権	4条	故意又は過失により不正競争を行って他人の営業上の利益を侵害した者は，これによって生じた損害を賠償する責めに任ずる。
損害の額の推定等	5条1項	不正競争行為によって営業上の利益を侵害された者が侵害者に対して損害賠償請求する場合において，<u>譲渡数量</u>に，<u>被侵害者が得ることのできた単位数量当たりの利益の額</u>を乗じて得た額を，<u>被侵害者の販売その他の行為を行う能力に応じた額</u>を超えない限度において，被侵害者が受けた損害の額とすることができる。ただし，<u>譲渡数量の全部又は一部に相当する数量を被侵害者が販売することができないとする事情があるときは，当該事情に相当する数量に応じた額を控除するものとする。</u>
	5条2項	不正競争行為によって営業上の利益を侵害された者が侵害者に対して損害賠償請求する場合において，その者がその侵害の行為により利益を受けているときは，その利益の額は，その営業上の利益を侵害された者が受けた損害の額と推定する。
	5条3項	不正競争行為によって営業上の利益を侵害された者が侵害者に対して損害賠償請求する場合において，不正競争の区分に応じて受けるべき金銭の額に相当する額の金銭を，自己が受けた損害の額としてその賠償を請求することができる。
具体的態様の明示義務	6条	不正競争による営業上の利益侵害訴訟において，不正競争によって被侵害者が侵害行為を組成したものとして主張する物又は方法の具体的態様を否認するときは，侵害者は，自己の行為の具体的態様を明らかにしなければならない。
書類の提出	7条1項	裁判所は，不正競争による営業上の利益侵害訴訟においては，当事者の申立てにより，当事者に対し，当該侵害行為について立証するため，又は当該侵害の行為による損害の計算をするため必要な書類の提出を命ずることができる。
鑑定	8条	不正競争による営業上の利益侵害訴訟において，当事者の申立てにより，裁判所が当該侵害の行為による損害の計算をするため必要な事項について鑑定を命じたときは，当事者は，鑑定人に対し，当該鑑定をするた

		め必要な事項について説明しなければならない。
相当な損害額の認定	9条	不正競争による営業上の利益侵害訴訟において，損害が生じたことが認められる場合において，損害額を立証するために必要な事実を立証することが当該事実の性質上極めて困難であるときは，裁判所は，口頭弁論の全趣旨及び証拠調べの結果に基づき，相当な損害額を認定することができる。
秘密保持命令	10条1項	裁判所は，不正競争による営業上の利益侵害訴訟において，その当事者が保有する営業秘密について，各号のいずれにも該当することにつき疎明があった場合には，当事者の申立てにより，決定で，当事者等，訴訟代理人又は補佐人に対し，当該営業秘密を当該訴訟の追行の目的以外の目的で使用し，又は当該営業秘密に係るこの項の規定による命令を受けた者以外の者に開示してはならない旨を命ずることができる。 1．既に提出され若しくは提出されるべき準備書面に当事者の保有する営業秘密が記載され，又は既に取り調べられ若しくは取り調べられるべき証拠の内容に当事者の保有する営業秘密が含まれること。 2．前号の営業秘密が当該訴訟の追行の目的以外の目的で使用され，又は当該営業秘密が開示されることにより，当該営業秘密に基づく当事者の事業活動に支障を生ずるおそれがあり，これを防止するため当該営業秘密の使用又は開示を制限する必要があること。
信用回復措置請求権	14条	不正競争を行って他人の営業上の信用を害した者に対しては，裁判所は，その営業上の信用を害された者の請求により，損害の賠償に代え，又は損害の賠償とともに，その者の営業上の信用を回復するのに必要な措置を命ずることができる。
侵害の罪	21条各号	次の各号のいずれかに該当する者は，10年以下の懲役若しくは1000万円以下の罰金に処し，又はこれを併科する。 以下各号の記載省略
詐欺の行為の罪		虚偽表示の罪
偽証等の罪		外国での行為に対する処罰

法　人　処　罰	22条	法人の代表者又は法人若しくは人の代理人，使用人その他の従業者が，その法人又は人の業務に関し，前条第1項第1号，第2号若しくは第6号又は第2項に掲げる規定の違反行為をしたときは，行為者を罰するほか，その法人に対して3億円以下の罰金刑を，その人に対して本条の罰金刑を科する。 以下省略

3　知的財産における計算鑑定人制度

　権利侵害による損害賠償額を算定する場合，それに必要な文書が権利者又は侵害者から提出されるが，提出された文書の量が膨大であり，略号が使用されているために文書内容が分かりづらく，最近ではコンピュータ管理された帳簿類もあることから，迅速かつ効率的な損害額の計算が困難になってきた。これを背景に，民事訴訟法[1),2)]の特則として設けられたのが特許法第105条の2に規定された計算鑑定人制度である。計算鑑定人制度は，損害立証の迅速化および効率化を図るとともに，当事者の立証負担の軽減を図るために創設されたものである。

　また，この制度創設の背景には，侵害行為，損害および損害額立証の容易化と判定制度・刑事罰の強化がある。これまでは，権利を侵害されたことを立証するのに権利者側が相当の労力を要していた。平成10年以降の知的財産権の動向は，こういった立証を容易にし，損害額の算定も仮定や推定を入れることで迅速化が図られてきた。

　計算鑑定人制度は，下記の状況のもとでの利用が想定される。

(1)　鑑　定　申　請

　鑑定申請は，当事者のいずれかから裁判所に対して行われる。多くの場合，特許法第102条2項に基づく損害額算定モデルにおいて，侵害品の譲渡数量，販売価格，控除対象費用の範囲と金額に関して疑義がある場合に，権利者から申請が行われる。状況によっては，侵害品の譲渡数量のみの鑑定申請や，侵害

者からの特許法第102条1項に関する申請も想定される。

(2) **非協力的な対応に対する対処**
　特許法第102条2項に基づく損害額算定モデルの場合，裁判の過程で侵害品の譲渡数量や侵害者側の損益状況の開示要求が権利者から行われる。それに対して非協力的な態度や対応が侵害者からなされることがある。例えば侵害品の出荷実績の提出を要求したところ，権利者側が別途調査していた結果よりも極めて少ない数量が開示された場合，権利者側に疑念が強まり，裁判がこう着状態になる。その打開策として鑑定申請が行われる。

(3) **相手方の処理能力や資質に対する対処**
　そもそも会社の会計システムは，損害額を算定することを目的に構築されていない。売上金額は把握していても，販売数量は把握していない場合もある。こういった制約のある条件下で，侵害品の譲渡数量や譲渡金額を計算しなければならない。さらに例えば特許法第102条2項に基づく損害額算定モデルの場合，適切な判断のもとに侵害者が得た利益を算定しなければならない。侵害者が自身の得た利益を正しく自己申告できるだけの能力と資質があるか疑念がある場合，鑑定申請が行われる。

(4) **紛争の早期解決**
　知的財産の侵害事件においては，裁判の過程でまず侵害しているかの主張がなされる。侵害が認定された場合，裁判は損害に議論が移る。損害に関しても相互に主張がなされ，その後口頭弁論の終結を迎えて，判決によって裁判所の判断が下される。裁判によっては，上記のように相手方の非協力的な対応，処理能力や資質に対する疑念から，裁判が長期化してしまう場合がある。このような問題の解決のために鑑定申請が行われる。

(5) 裁判所で検討されていない問題

鑑定は，裁判所からの鑑定事項に基づいて行われる。鑑定事項に対して手続きを計画し実施する。要請されていない事項について計算鑑定人が自身の判断で追加的な手続きを行うことはない。しかし，鑑定事項に関する手続きを通じて，新たな侵害品の発見や侵害ルートの発見が期待できる。こういった期待は，鑑定本来の目的とは異なるが，鑑定申請における副次的な効果として期待される。

第2節　損害額算定モデルの概要

1　特許法第102条第1項及び第2項における損害額算定モデル

　知的財産権の侵害行為は，民法第709条の不法行為である[3]。しかし，損害額の算定は容易ではない。本章では，特許権を中心に記述するが，そこで特許法は第102条でその推定を可能にしている。同条によって損害賠償を請求するためには，以下の要件を満たさなければならない。
① 　特許権の侵害
② 　侵害者の故意又は過失
③ 　損害の発生
④ 　侵害と損害の因果関係の存在

また，この場合の損害として，下記のものが含まれる。
① 　侵害行為がなかったならば得ることができた利益の損害（消極的財産損害又は逸失利益）
② 　損害の除去や防止に要した費用あるいは侵害把握のための調査費用など積極的財産損害
③ 　侵害品が出回ることによって生じた取引先への信用失墜による損害（無形損害）

　知的資産の場合，特に問題となるのは，逸失利益の算定にある。一般的に，企業評価や知的資産などの価値評価では，ＤＣＦ方式，超過収益還元方式，リリーフ・フロム・ロイヤリティー方式，あるいはリアル・オプション方式等が採用される。評価対象の企業や知的資産の状況を調査し，それぞれの実態を把握した上で，最適な方式を採用する。そこには，評価人の経験や専門的な知識に裏づけされた裁量の余地が存在する。

　それに対して裁判においては，損害額の推定等は三種類のいずれかで行うことになる。その中でも特許法第102条第1項及び第2項をモデル化したのが図表6－3である。

第3部 計算鑑定業務

図表6−3 特許法第102条第1項及び第2項の計算モデル

特許法第102条	数量	販売単価	譲渡金額	控除費用		差引金額	調整要素		損害額
				変動費	個別固定費	(限界利益)	権利者が販売できない事情・実施の能力	寄与率	
第1項	侵害者の譲渡数量 A	権利者の販売単価 B1	C1=A×B1	D1	E1	F1=C1−D1 (−E1)	G1	H1	I1=(F1−G1)×H1
第2項		侵害者の販売単価 B2	C2=A×B2	D2	E2	F2=C2−D2 (−E2)	—	H2	I2=F2×H2

(注) B1 C1 D1 E1 F1 G1 H1 I1:権利者の損益データから導かれる。
　　 B2 C2 D2 E2 F2 H2 I2:侵害者の損益データから導かれる。
出所:日本公認会計士協会編(2004)189頁

　第102条第1項及び第2項更には後述の第3項に共通するものは,侵害品の譲渡数量及び譲渡金額である。侵害品が市場や顧客に譲渡されたことをもって,権利者が逸失した利益とみなし,それを損害額とする。それを権利者が製造・販売したとみなすのが1項であり,それを侵害者が実際に製造・販売したときに得られた利益を算定するのが2項である。

2　特許法第102条第3項における損害額算定モデル

　同法第102条第3項には,「侵害者に対し,特許発明の実施に対し受けるべき金銭の額に相当する額の金銭を,権利者が受けた損害の額としてその賠償を請求することができる。」と定めている。これをモデル化したのが図表6−4である。

　ここで,実施料相当額という概念が問題となる。一般的に広く実務で適用している世間相場としての実施料が一律に採用されるのではなく,当該特許発明から創出される価値を基準にして算定する必要がある。すでに他者に対して特許発明を実施させているのであればその適用料率がそれに該当するが,実施例がない場合,料率の判断は容易ではない。

図表6-4　特許法第102条第3項の計算モデル

侵害者が侵害品を譲渡した数量×一単位当たりの実施料相当額

3　損害額算定モデルの特徴と留意点

(1)　損害額算定プロセスの個別・固有性

権利者の状況，侵害者の状況によって認定される損害賠償額は異なる。その算定プロセスも事件によって異なる。裁判例では詳細な情報は示されてはいないが，損害額の算定過程については記述されており，検討のための参考にすることができる。

(2)　利益の概念

損害額算定の基礎となる単位数量当たりの利益の額は，1項が権利者，2項が侵害者のものである。いずれの場合も限界利益が通説である。そもそも不法行為訴訟における損害賠償額の範囲は，不法行為と相当因果関係の範囲内にある損害ということになる[4]。会計における限界利益が，あらゆる事件の損害額の基礎となるのではなく，根本は相当因果関係という概念であることに留意する必要がある。

「限界利益の範囲は，財務会計上の観点のみから決せられるものではなく，不法行為法における損益相殺の観点に加えて，侵害者がその侵害行為によって得た利益の額をもって特許権者の逸失利益と推定することにより，特許権者による損害賠償請求に当たってその主張立証責任を軽減し，特許権者の保護を図るという特許法第102条の規定の趣旨に照らして解釈するのが相当である。[5]」と指摘されているのは，それが背景にある。

(3)　限界利益以外での損害額算定

上記のように，損害額は，相当因果関係との対応で算定される。この概念は，必ずしも会計上の限界利益とは完全には一致しない。特に2項での損害額算定

においては，一部固定費も控除されることもあることに留意する必要がある。裁判例を慎重に分析することで，控除対象固定費の内容と要件などを把握することが可能となる。

損害額は，会計の概念では限界利益に似ているが，場合によっては貢献利益に近い概念として捉えることができる。この利益概念を図示すると，図表6－5のようになる。

図表6－5　損害額と会計上の利益概念

項　　　目	内　　　容
売　　上　　高	侵害品の譲渡からの売上高
控除　変動製造原価	侵害品譲渡と相当因果関係のある変動製造原価
変動販売費	侵害品譲渡と相当因果関係のある変動販売費
限　界　利　益	
控除　個別固定製造原価	固定費ではあるが侵害品譲渡と相当因果関係の認められる製造原価
個別固定販売費	固定費ではあるが侵害品譲渡と相当因果関係の認められる販売費
貢　献　利　益	
その他費用	侵害品譲渡との相当因果関係の認められない費用
純　利　益	

出所：坂上信一郎（2006）「知的資産経営」，184頁。

4　権利者による損害額算定モデルの選択

権利者は，前出の損害額算定モデルに従って損害額を試算し，さらに訴訟上のいくつかの点を検討した上で，いずれをもって損害額を請求するか，判断することになる。この判断は，訴訟の提起の時だけでなく，裁判の過程で継続的に行われる。

第6章　計算鑑定の損害額算定モデル

図表6－6　権利者による損害額算定モデル選択プロセス

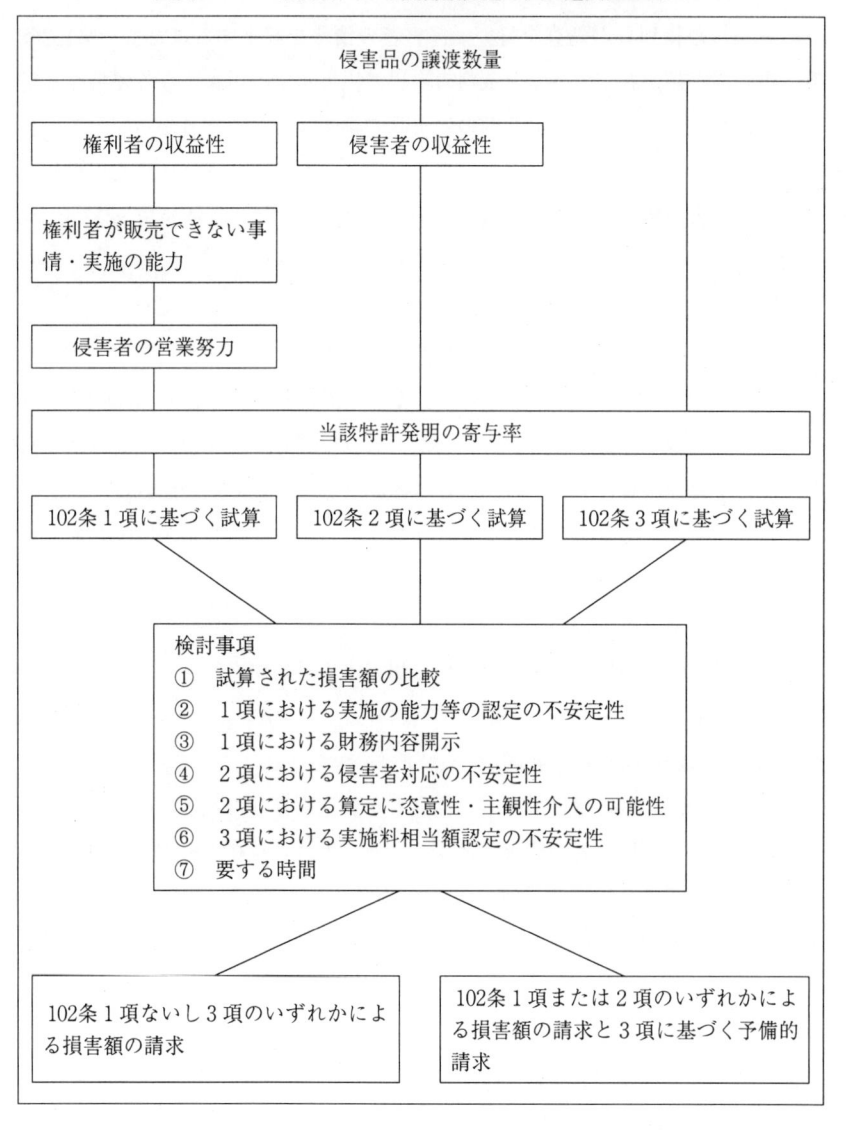

```
┌─────────────────────────────────────────────────────────────┐
│                    侵害品の譲渡数量                          │
└─────────────────────────────────────────────────────────────┘

  ┌──────────────┐    ┌──────────────┐
  │ 権利者の収益性│    │ 侵害者の収益性│
  └──────────────┘    └──────────────┘

  ┌──────────────┐
  │権利者が販売でき│
  │ない事情・実施 │
  │の能力         │
  └──────────────┘

  ┌──────────────┐
  │侵害者の営業努力│
  └──────────────┘

┌─────────────────────────────────────────────────────────────┐
│              当該特許発明の寄与率                            │
└─────────────────────────────────────────────────────────────┘

┌──────────────┐  ┌──────────────┐  ┌──────────────┐
│102条1項に基づ│  │102条2項に基づ│  │102条3項に基づ│
│く試算        │  │く試算        │  │く試算        │
└──────────────┘  └──────────────┘  └──────────────┘

┌─────────────────────────────────────────────────────────────┐
│ 検討事項                                                     │
│  ①　試算された損害額の比較                                  │
│  ②　1項における実施の能力等の認定の不安定性                │
│  ③　1項における財務内容開示                                │
│  ④　2項における侵害者対応の不安定性                        │
│  ⑤　2項における算定に恣意性・主観性介入の可能性            │
│  ⑥　3項における実施料相当額認定の不安定性                  │
│  ⑦　要する時間                                              │
└─────────────────────────────────────────────────────────────┘

┌──────────────────────┐      ┌──────────────────────────┐
│102条1項ないし3項のい │      │102条1項または2項のいずれ │
│ずれかによる損害額の請│      │かによる損害額の請求と3項 │
│求                    │      │に基づく予備的請求        │
└──────────────────────┘      └──────────────────────────┘
```

第3部　計算鑑定業務

(1) 試算された損害額の比較

あらかじめ権利者が調査を行い，侵害者の情報を収集することで，第102条第2項の損害額が算定できる。裁判の過程で損害賠償の対象となる侵害品と侵害期間の特定がなされ，その期間の侵害品の譲渡数量が侵害者から開示されれば，より正確な試算を行うことができる。第一次的には，試算された損害額の多かった損害額算定モデルに従って，損害額を請求するのが本来であるが，さらに，以下(2)～(7)について慎重に検討する必要がある。

(2) 1項における実施の能力等の認定の不安定性

権利品を例えば1,000個製造・販売してきた権利者が，侵害品10,000個を追加的に製造・販売できるかという問題がある。権利者が販売できない事情や実施の能力がない場合，それだけ損害額は減額される。この点の立証は，立法趣旨から判断して，厳密さを問わないとされている。現在の製造・販売の能力を超えるだけの侵害品に対しては，銀行からの借入により製造設備や販売能力の拡大が可能であればよいとされる。しかし，侵害者もこの点の主張をすると予想でき，実施の能力等の認定の可能性を想定する必要がある。

(3) 1項における財務内容開示

第102条第1項では，侵害品をもし権利者が製造販売したときに得られたであろう利益をもって権利者の損害額とする。その場合，現在の権利品の収益性を裁判で開示することになる。秘密保持は配慮されるが，侵害者からの主張によっては，相当詳細な財務内容までも開示要求される可能性を想定しておく必要がある。

(4) 2項における侵害者対応の不安定性

第102条第2項は，侵害者の財務内容開示が前提である。不利なものは提出せず，あるいは改ざんして提出される可能性がある。提出を不当に遅延することも考えられる。

(5) 2項における算定に恣意性・主観性介入の可能性

第102条第2項の場合，侵害者が侵害品の譲渡数量や得た利益について自己申告することになる。得た利益を算定する場合，これを少なくするために，算定における判断の局面で，恣意性や主観性が介入する危険がある。

(6) 3項における実施料相当額認定の不安定性

権利者が実際に当該特許発明を他に実施を許諾している場合やすでに権利者と侵害者との間に実施の許諾契約を締結している場合，3項の適用は比較的容易である。しかし，実施の実績がない場合，所定の方法で自動的に3項の実施料相当額を算定することができない。権利者が実施料率5％を主張しても，裁判所が0.5％しか認定しない場合がある。

以上六項目を検討した上で，第102条第1項ないし第3項のいずれで損害額を請求するかが判断される。その場合，例えば1項か2項のいずれかで請求し，予備的に3項による損害額請求を行うというのも，選択肢のひとつにある。予備的とは，仮に，2項によって算定した損害額が，3項に基づく実施料相当額の損害額より低い金額であるとすれば，同条3項の実施料相当額を請求するとの趣旨である。この予備的主張には，下記のような正当な理由が認められる。

- 第102条は，各項に基づくいずれかの損害のうち，自己に有利なものを選択的に請求することが可能であると解される。
- 2項にも不安定な要素があることから，当初から2項による損害額を請求しても，その額が小さくなることが考えられる。このことを権利者は予測し得ない。
- さらに2項の利益の額も，3項の実施料相当額も，認定は裁判所の判断に最終的に委ねられるものであり，特許権者が裁判所の最終的な判断を正確に予測し得るわけではない。
- このような不安定さや予測不可能な状況で予備的請求を認めることで，権利者を合理的に保護することができる。

第3節　特許法第102条第1項の概要と計算フロー

1　特許法第102条第1項の概要

すでに図表6-1で示しているが,特許法第102条第1項の記述を示すと下記のとおりである。

特許法第102条第1項

　特許権者又は専用実施権者が故意又は過失により自己の特許権又は専用実施権を侵害した者に対しその侵害により自己が受けた損害の賠償を請求する場合において，その者がその侵害の行為を組成した物を譲渡したときは，その譲渡した物の数量（以下この項において「譲渡数量」という。）に，特許権者又は専用実施権者がその侵害の行為がなければ販売することができた物の単位数量当たりの利益の額を乗じて得た額を，特許権者又は専用実施権者の実施の能力に応じた額を超えない限度において，特許権者又は専用実施権者が受けた損害の額とすることができる。ただし，譲渡数量の全部又は一部に相当する数量を特許権者又は専用実施権者が販売することができないとする事情があるときは，当該事情に相当する数量に応じた額を控除するものとする。

既述の侵害と損害の因果関係の立証が困難なことから，同項を設け，立証を容易にした。平易に示すと次のようになる。

① 同項の損害額は，「侵害者が侵害品を譲渡した数量×権利者の単位当たりの利益」によって計算される。同項は，侵害者の譲渡した数量を，権利者が製造販売したと擬制している。その点で，仮定的な金額を基礎に，さらに概算計算が行われることになる。

② 上記の式で求められる額は，権利者の実施の能力を限度とする。実施の能力は，権利者が立証する。

③ 侵害者が，権利者は侵害品の譲渡数量の全部又は一部を販売できないこ

とを立証できた場合，事情に応じた額を控除する。

譲渡とは，侵害者が有償で販売したものだけではなく，試供品などで配布したものも含まれる。無償譲渡も，それによって権利者の販売数量が減少し損害をもたらしたのであれば，譲渡として扱われるのである。

権利者の単位当たりの利益算定の基礎となる販売単価（図表6－3のＢ１）は，実際の単価ではなく，正常販売単価であると考えられる。一般的には，大量の侵害品が安価で市場に流入した場合，権利者はそれに対抗するために販売単価を下げざるを得ない。この場合，引き下げる前の販売単価を損害額計算に採用することができる。

2 特許法第102条第１項の裁判例

損害額算定モデルについて既述のとおりではあるが，実際の裁判における損害額の認定は，図表6－5に示した会計的概念で単純に決まるものではない。事案の様々な事情によって異なる。固定的な観念に陥らないよう留意するひとつの方法は，実際の多くの裁判例を調査・分析することである。次節以降も含め，事例について検討することとする。まず，特許法第102条第１項の裁判例を表にして示したのが，図表6－7である。

図表6－7　特許法第102条第１項の裁判例

事件番号	平成15年（ワ）第19926号　特許権侵害差止等請求事件
判　　決	東京地方裁判所　平成16年11月17日
主　文　の　要　旨	
①　侵害者製造会社及び侵害者販売会社は，別紙物件目録記載の物件を生産し，譲渡し，譲渡の申出をし，又は使用してはならない。 ②　侵害者製造会社及び侵害者販売会社は，保有する別紙物件目録記載の物件を廃棄せよ。 ③　侵害者製造会社及び侵害者販売会社は，原告に対し，各自金１億5,229万9,414円及び内金１億2,712万5,879円に対する平成15年９月11日から，内金2,517万3,535円に対する平成16年４月１日から各支払済みに至るまで年５分の割合による金員を支払え。	

第3部　計算鑑定業務

事 件 の 概 要
権利者は，豆腐用凝固剤組成物についての特許権を有しているが，侵害者製造会社が侵害品を製造し，侵害者販売会社は販売する行為が権利者の有する特許権を侵害するとして，侵害品の生産等の差止め，廃棄並びに各自160,000,000円及び遅延損害金の支払を求めた。これに対し，侵害者製造会社及び侵害者販売会社は，侵害品は，権利者の特許権に係る発明の技術的範囲に属しない等と主張して争った事件である。
争　　　　点
争点1：被告各製品は，本件発明の構成要件を充足するか 争点2：原告の受けた損害はいくらか
損害額に対する裁判所の判断
①　共同不法行為 　　弁論の全趣旨によれば，侵害品については，侵害者製造会社が製造し，侵害者販売会社が販売に関与しているが，両社は密接な関係を保ちつつ，侵害品を製造，販売しているとの事実がうかがえるので，侵害者製造会社及び侵害者販売会社の行為は，本件特許権の侵害行為の共同不法行為を構成する。 ②　特許法第102条第1項で請求するに至った経緯と配慮 　　本件において，権利者は当初，特許法第102条第2項に基づく損害のみを請求していたが，侵害者らにおいて，侵害品の利益率に関する裏付け資料を提出することを拒否したため，原告は，やむを得ず，同法第102条第1項に基づく損害を請求し，権利者製品に関する利益率に関する証拠を提出した。権利者製品の販売価格の内訳等権利者提出の証拠には，営業上の秘密を含む事項が記載されているが，上記の経緯に照らして，判決理由中で，同証拠に関する詳細な認定判断をすることは差し控える。 ③　侵害者販売会社が販売した侵害品の販売数量及び販売額 　　侵害期間平成11年4月9日から平成16年3月の販売数量及び金額は，577.386トン，247,862,000円であった。 ④　権利者製品の単位数量あたりの利益 　　権利者製品の販売価格は，1トン当たり410,000円であり，原材料費，包装具，蒸気・電力費，製造委託費及び運賃の経費を控除した利益は，1トン当たり263,774円である。上記認定の利益額について，合理性を疑わせるに足りる他の証拠はないとし，上記②を理由に，詳細な認定判断をすることは差し控えている。 ⑤　権利者の実施の能力 　　豆腐用の乳化型ニガリの市場において，権利者製品及び侵害品が90パーセントを占めること，侵害品の購入先は10社程度であることからすると，権利者は，権利者製品に関し，侵害品の製造及び販売数量に相当する需要に対応することができる製造及び販売能力を有していたと認められる。

⑥ 特許法第102条第1項ただし書に係る事情
　侵害者製造会社及び侵害者販売会社は，特許法第102条第1項ただし書に係る事情として，侵害品は製品自体の特性及び被告らの営業努力によって発生した需要があること，侵害者販売会社は，権利者が供給を止めた特定の販路にのみ侵害品を供給している，として，権利者製品と侵害品には相互の補完関係がないと主張する。
　しかし，本件全証拠によるも，株式会社星高と原告との取引に関する事情を認めることはできないこと，豆腐用の乳化型ニガリ製品に対する需要は，平成10年4月以降，大手の豆腐大量製造業者に急速に拡大していること等の事情に照らせば，原告製品と被告各製品に補完関係がないとはいえず，その他，被告らの主張に沿う事実を認めるに足りる証拠はないから，被告らの主張は採用できない。

3　特許法第102条第1項の計算フロー

図表6－7の裁判所の判決から，この事件における計算フローを整理すると下記のようになる。

① 侵害期間

平成11年4月9日から平成16年3月である。

② 侵害品の譲渡数量及び譲渡金額

上記侵害期間における侵害数量は，577.386トンであった。

③ 販売単価，控除対象費用及び単位当たりの利益

権利者製品一トン当たりの販売価格	410,000円
原　材　料　費 包　装　具 蒸　気・電　力　費 製造委託費及び運賃	146,226円
権利者製品一トン当たりの利益	263,774円

④ 実施の能力に関する認定

裁判所は，権利者が，権利者製品に関し，侵害品の製造及び販売数量に相当する需要に対応することができる製造及び販売能力を有していたと認めた。

⑤ 寄　与　率

判決文を読む限り，特に寄与率の検討は行われていない。

第3部　計算鑑定業務

⑥　第102条第1項但し書き

但し書きに、「譲渡数量の全部又は一部に相当する数量を特許権者又は専用実施権者が販売することができないとする事情があるときは、当該事情に相当する数量に応じた額を控除するものとする。」とある。侵害者は、侵害品自体の特性や被告らの営業努力によって発生した需要があること、侵害者販売会社は、権利者が供給を止めた特定の販路にのみ侵害品を供給している、として、権利者製品と侵害品には相互の補完関係がないと主張したが、裁判所はこれを認めなかった。

⑦　損害額の算定

本件の場合、算定式は、「（販売数量×権利者製品一トン当たりの利益－権利者が販売できない事情・実施の能力）×寄与率－侵害者の営業努力」となる。これらに、上記結果を代入すると、下記のようになる。

裁判所で認定された損害額
　＝（販売数量577.386トン×権利者製品一トン当たりの利益263,774円
　　　－権利者が販売できない事情・実施の能力ゼロ）×寄与率1.0
　　　－侵害者の営業努力ゼロ
　＝152,299,414円

第4節　特許法第102条第2項の概要と計算フロー

1　特許法第102条第2項の概要

すでに図表6−1で示しているが，同項の記述を示すと下記のとおりである。

特許法第102条第2項
　特許権者又は専用実施権者が故意又は過失により自己の特許権又は専用実施権を侵害した者に対しその侵害により自己が受けた損害の賠償を請求する場合において，その者がその侵害の行為により利益を受けているときは，その利益の額は，特許権者又は専用実施権者が受けた損害の額と推定する。

同項の損害額は，「侵害者が侵害品を譲渡した数量×侵害者の単位当たりの利益」によって計算される。譲渡数量も単位当たりの利益の額も，侵害者の提出する資料に依拠することになる。全面的にそれらを信頼してよいか否かの判断を権利者として行う場合，以下の点を総合的に検討する必要がある。あるいは，準備書面において問題にすべきである。なお，以下の事項は，侵害者が法人の場合を例としている。

① 裁判に至るまでの交渉過程
- 過去において同様の侵害行為をしていなかったか。
- 過去の侵害行為が発覚した後の再発ではないか。
- 口頭，文書による警告を通じて相手が誠意ある口頭あるいは文書による対応をしたか。
- 口頭あるいは文書による回答は信頼できる内容であったか。
- 警告後侵害品の販売を速やかに停止したか。

② 侵害行為の推測
- 侵害行為は，法人内の担当者個人の意思に基づくものと推測できるか，経営者を含む会社ぐるみの行為と考えられるか。

- 侵害行為は，重大な故意によるものか，調査不足からの過失から生じたものと推測されるか。
- 故意と推測した場合，相当以前からのものか，一時的，単発的と判断されるか。
- 以前に同様の侵害行為があった場合，どのような背景があり，どのように解決されたか。
- 以前に侵害行為以外の違法行為が問題になっていなかったか。

③ **侵害者の意識**
- 裁判を通じて侵害者は，侵害行為に対して誠意ある対応をする意思を示しているか。
- 会社ぐるみの侵害と推測される場合，その会社の体質としてワンマン経営的ではないか。その場合の経営者は，健全な経営意識を有しているか。
- すでに再発防止のための対応を，会社としてとっているか。
- 以前に同様の侵害行為があった場合，それ以降今回の発覚までになんら侵害意識に改善がなかったと推測されるか。また，今後も再発の可能性を残しているか。

④ **侵害者の管理体制**
- 販売管理体制は整備されているか。販売条件や販売ルートが複雑ではないか。
- 購買管理体制は整備されているか。仕入条件や仕入ルートが複雑ではないか。
- 仕入，保管，出荷の物流管理体制は整備されているか。
- 経理体制は整備されているか。帳簿体系が確立され，証憑書類の整備状況に問題はないか。
- これらの管理機能に能力のある担当者が配置されているか。
- これらの管理体制はコンピュータ導入等によってシステム化されているか。

第6章　計算鑑定の損害額算定モデル

⑤　侵害者の財務状況
- 侵害期間の以前から現在に至る財務内容や損益の状況は健全か。
- 現在までで重大な財産の処分や人員整理などがなされていないか。
- 経営者の退任や侵害行為の関係者が退社していないか。
- 過去に税務上も問題を起こしていないか。
- 他の取引先との係争事件が生じていないか。

こういった①から⑤の状況を注意深く把握しながら、提示される譲渡数量や単位当たりの利益に関する資料を吟味する必要がある。

経営者が本件の侵害行為を指示し、その行為を改善しようとせず、今でもワンマンな経営体質のままであれば、提出された資料に対しては、細心の注意を払う必要がある。また、証拠書類として提出された請求書や出荷伝票、会計帳簿類の流れを推測し、コンピュータ出力帳票があるはずのところが手書きの帳簿になっている場合や、提出されたコンピュータ出力の出荷一覧の出荷先や出荷製品の印字を制限したかたちで出力されているなどして、譲渡数量や単位当たりの利益の検証ができないようにするなどの侵害者の行為に対しては、厳格な態度で対応すべきである。

2　特許法第102条第2項の裁判例

本項では、第102条第2項の裁判例を2件記載することとする。

図表6−8　特許法第102条第2項の裁判例（その1）

事件番号	平成16年（ワ）第1307号　特許権侵害差止等請求事件
判　決	名古屋地方裁判所　平成17年4月28日
主　文　の　要　旨	
①　侵害者は、物件目録記載の装置を製造、販売、販売の申出をしてはならない。 ②　侵害者は、権利者に対し、329万8471円及びこれに対する平成16年4月16日から支払済みまで年5分の割合による金員を支払え。 ③　権利者のその余の請求を棄却する。 ④　訴訟費用は、これを5分し、その2を被告の、その余を権利者の各負担とする。 ⑤　この判決は、権利者勝訴の部分に限り、仮に執行することができる。	

第3部　計算鑑定業務

事 件 の 概 要
本件は，移載装置に関する特許権を有する権利者が，侵害者の製造，販売したパレット積替装置は当該特許発明の技術的範囲に属すると主張して，侵害者に対し，同特許権に基づき，その製造等の差止め及び損害賠償等の支払を求めた事案である。

争　　　　点
争点1：被告による先使用権の援用の可否 争点2：特許法第102条第2項の推定覆滅等の成否 争点3：被告の利益額

損害額に対する裁判所の判断
① 特許法第102条第2項の利益概念 　　特許法第102条第2項にいう「利益」とは，侵害者が特許権侵害に係る製品の製造，販売のみに要する専用の設備を新たに設置し，あるいは従業員を雇い入れたといった例外的な事情がない限り，侵害に係る製品の売上額から，原材料の仕入れ，加工，保管，運送等に要した経費のうち当該製品の製造，販売のみのために要した変動費を控除した限界利益をいう（もっとも，必ずしも財務会計上の限界利益と一致するものではない。）と解するのが相当である。 ② 寄与割合 　　特許発明の新規性・進歩性が当該発明の一部にかかる場合には，侵害者による製造・販売による利益のうち，新規性・進歩性にかかる部分のみが寄与した部分，すなわち全体の利益に寄与割合を乗じた金額をもって，特許法第102条第2項の所定の利益に当たると解するのが相当である。本件では，5つの事項を検討した上で，被告製品の製造・販売によって得られた被告の限界利益のうち，移載装置が寄与する割合は，20パーセントと認定した。 ③ 利益の計算 　　　販　売　価　格　　　54,600,000円 　　　部　　品　　代　　　35,376,853円 　　　交通費その他　　　　1,356,165円 　　　人　　件　　費　　　1,374,627円 　　　被告が得た利益額　　16,492,355円 　　　寄　与　割　合　　　　　　20％ 　　　原告の損害額　　　　　3,298,471円 ④ 人件費の取扱い 　　人件費（総組立費）として573万円を控除すべき旨侵害者は主張していたが，前記の限界利益の考え方からは，特別の事情がない限り，組立に要する人件費，経費（旅費交通費，減価償却費，賃借料，修繕費，水道光熱費，電力費，消耗品費，リース料，燃料費，雑費）の全部が製造原価に含まれるものではなく，当該製品の製造のみのために要した部分に限り，売上げから控除すべきであるとした。

⑤ 管理費の取扱
　侵害者は，管理費1104万4902円を控除すべき旨主張する。しかし，前記のとおり，控除すべき管理費は，侵害者が侵害品の製造，販売のために初めて追加的に要したものに限られるところ，侵害者の主張する上記管理費は，侵害品の売上高に一般管理費の製造原価に対する比率を乗じたものであるから，必ずしも製品の販売のために追加的に要したものとは認められない。したがって，侵害者の利益の計算に当たって，管理費を控除することはできないとした。

出所：坂上信一郎（2006）「知的資産経営」，193-195頁

図表6-9　特許法第102条第2項の裁判例（その2）

事件番号	平成17（ワ）第15327号　損害賠償請求事件
判　　決	東京地方裁判所　　平成19年4月24日
主　文　の　要　旨	
① 侵害者甲は，権利者に対し，3978万8482円及びこれに対する平成17年8月9日から支払済みまで年5分の割合による金員を支払え。 ② 侵害者甲及び乙は，権利者に対し，連帯して162万3619円及びこれに対する侵害者甲については平成17年8月9日から，侵害者乙については平成17年8月7日から各支払済みまで年5分の割合による金員を支払え。 ③ 権利者のその余の請求を棄却する。 ④ 訴訟費用は，これを60分し，その10を侵害者甲の負担とし，その1を侵害者甲と侵害者乙の連帯負担とし，その余を権利者の負担とする。 ⑤ この判決は①及び②に限り，仮に執行することができる。	
事　件　の　概　要	
本件は，レンズ付きフイルムユニット及びその製造方法に関する2件の特許権を有していた権利者が，侵害者甲及び乙が侵害品を輸入・販売した行為は，本件各特許権を侵害すると主張して，侵害者甲及び乙に対し，損害賠償を求めたのに対し，侵害者甲及び乙が，本件各特許権は侵害者甲及び乙の製品について消尽し，その効力は侵害者の製品の輸入・販売の行為には及ばないと主張して争っている事案である。	
争　　　　点	
争点1：被告ら製品は本件特許発明構成要件を充足するか。 争点2：脱退原告ないし承継参加人の本件各特許権侵害を理由とする損害賠償請求の許否 　　　● 被告ら製品について本件各特許権は消尽したか。 　　　● 被告ら製品の輸入・販売について，脱退原告による黙示の許諾があったか。	

第3部　計算鑑定業務

- 脱退原告の本件各特許権侵害を理由とする損害賠償請求は権利濫用に該当するか。
- 被告らが本件特許権1の非侵害の主張をすることは訴訟上の信義則によって制限されるか。

争点3：損害額
- 特許法第102条第2項に基づく損害額
- 特許法第102条第3項に基づく損害額（予備的）

損害額に対する裁判所の判断

① 第102条第2項の利益概念

　特許法第102条第2項の「侵害行為により得た利益」の算定においては侵害品の製造ないし販売に相当な因果関係のある費用すなわち製造ないし販売に直接必要な変動費及び個別固定費を控除の対象としていわゆる貢献利益（広義の限界利益）を算定すべきであって，侵害品を製造ないし販売しなくとも発生する費用（一般固定費）は控除の対象とすべきではない。

　大企業が多種類の製品を製造販売する中で，1種類の侵害品を製造販売している場合に控除される費用は，直接の原材料費，運送費などの変動費だけになるのに対し，零細な企業が侵害品のみを製造販売しているような場合，あるいは，侵害品を製造販売するためにのみ新工場を建設した場合には，変動費に加え，工場及び機械の減価償却費，工場従業員の給与などの固定費が侵害品の製造販売に相当な因果関係のある個別固定費とみなされると考えるべきであり，粗利益からこのような経費を差し引いて貢献利益を算定すべきである。したがって，貢献利益の算定においては，被告となる企業の規模，被告となる企業の全売上げに占める対象製品の売上げの割合，侵害品の製造販売に当たって必要となった施設，機械，労力，侵害品の製造・販売の期間など様々な要素を全体的に考慮して，侵害品の製造ないし販売に相当な因果関係のある費用（変動費及び個別固定費）を算定する必要がある。

　本件では，計算鑑定人による鑑定が実施されている。

② 侵害期間

　平成12年3月1日から平成17年2月末日

　平成12年3月1日から平成13年5月2日までの期間は，侵害品Aによる侵害があった。

　平成13年5月25日から平成17年2月末日までの期間は，侵害品A及び侵害品Bによる侵害があった。

③ 計算鑑定で認められた損害額算定の基礎とすべき売上高

侵害者甲	侵害品A	597,496,000円
	侵害品B	22,800,000円
	計	620,296,000円

第6章 計算鑑定の損害額算定モデル

侵害者乙	侵害品A	10,313,000円
	侵害品B	1,509,000円
	計	11,822,000円

　計算鑑定人が，原始証憑をサンプリングして確認した。
④ 侵害者甲の経理実態
　輸入原価以外の輸入経費は，会計帳簿上，販売費に属する各勘定にて分散的に処理されていた。
　輸入経費は商品別，月別に把握することは困難であった。
　販売経費についても，被告の資料管理状態では，特に商品別に管理をしておらず，そのような必要性もない事業規模であった。
　平成13年2月期及び平成17年2月期以外は月次試算表が存在せず，月次での把握が困難であった。
　侵害品A譲渡は侵害者甲の主要事業であったと推察されたため，侵害者甲の財務状況から侵害品A等の輸入・譲渡に関する諸経費を侵害品Aと推測することとした。
　事業年度ごとの販売経費は，確定申告書に基づき把握し，その結果，販売費として，販売員給与，販売員旅費，広告宣伝費，容器包装費，発送配達費，その他販売費が確認された。
　上記各項目のうち販売員給与以外の項目についてはすべて変動費であると判断され，また，販売員給与については，固定費的要素が含まれると考えられるものの，侵害者甲の売上高との関連性では必ずしも固定的に発生しているとは判断できない状況にあった。
⑤ 侵害者甲における変動費及び個別固定費の把握
　販売経費を合理的に固定経費と変動経費に区分して把握することは困難であった。
　そのため，販売員給与も含めた上記販売経費すべてが売上高に占める割合を求め，それを貢献利益算定のための変動費及び個別固定費とした。
　販売経費は，平成15年2月期のみ販売員給与の負担が大きく突出しているものの，概ね5％台後半から7％台前半で推移しており，各期平均の販売費割合は売上高の7％であることから，上記販売経費を売上高の7％と判断した。
⑥ 変動費及び個別固定費の判断
　本件の場合，販売員給料の取扱が問題になる。上記のような経理体制の中で，計算鑑定人は，被告大東貿易の全売上高の中で被告ら製品に占める侵害品売上高割合が，平成13年2月期から平成16年2月期までの間，概ね7割から2割5分であったことを考慮して，これを個別固定費として扱った。
　この点に関して裁判所は，販売員給与のうち，全売上げに占める被告ら製品の売上げの割合に相当する分は，被告ら製品の輸入販売と相当因果関係にある費用であると認めるのが相当であり，これらは個別固定費に該当するものと認めた。
　販売員旅費，広告宣伝費，容器包装費，発送配達費はいずれも変動費であり，全

> 売上げに占める被告ら製品の売上げの割合に相当する分は，被告ら製品の販売と相当因果関係のある費用と認めた。
> ⑦ 侵害者乙の経理体制
> 　侵害者乙の仕入台帳の記載には不備な部分が多い。
> 　乙は，甲から仕入れているが，甲の販売単価よりも乙の仕入単価が高額になっている。また，仕入数量をはるかに超える数量を販売している。
> ⑧ 侵害者乙における控除対象費用
> 　被告ら製品の販売に係る変動経費として控除すべき項目は，前記計算鑑定結果に現れた販売費のうち，広告宣伝費，容器包装費，発送配達費及び他販売費であると認められる。

なお，同表の中の「争点3：損害額」に「特許法第102条第3項に基づく損害額（予備的）」という記述がある。これに関しては，第7章の図表7－7　実施料相当額の裁判例における認定例（その3）を参照されたい。

3　特許法第102条第2項の計算フロー

前項で示した二つの裁判例のうち平成16年（ワ）第1307号　特許権侵害差止等請求事件の場合，計算フローは，下記のようになる。

① 侵害期間

判決文からは，明確な侵害期間がわからないが，判決文全体から判断して，平成14年から平成16年までの期間と考えられる。

② 侵害品の譲渡数量及び譲渡金額

判決文からは譲渡数量はわからないが，譲渡金額は54,600,000円であった。

③ 控除対象費用

控除対象費用の判断基準は，「原材料の仕入れ，加工，保管，運送等に要した経費のうち当該製品の製造，販売のみのために要した変動費」としている。製造費用や販売費のうち侵害品の製造・販売に相当因果関係の認められるものが，控除対象費用として扱われる。本件の場合裁判所は，製造・販売に相当因果関係が認められる部品代，交通費，人件費を控除対象費用と認定している。

④ 寄　与　率

判決文では，「特許発明の新規性・進歩性が当該発明の一部にかかる場合には，

侵害者による製造・販売による利益のうち，新規性・進歩性にかかる部分のみが寄与した部分，すなわち全体の利益に寄与割合を乗じた金額をもって，特許法102条2項の所定の利益に当たると解するのが相当である。」とし，裁判所は20％を寄与率としている。

裁判所は，本件の寄与率を20％とした。この決定のために下記の事項が総合的に検討された。

- 本件発明の構成要件
- 本件発明と類似する先行品が製造されている事実
- 実施品を実際に設置する場合の経済的マイナス面
- 本件発明の進歩性
- 被告製品の比較優位性

⑤ **損害額の算定**

算定の過程は，すでに記したとおりである。

第5節　特許法第102条第3項の概要と計算フロー

1　特許法第102条第3項の概要

図表6-4で示している同項の内容を示すと下記のとおりである。

特許法第102条第3項
　特許権者又は専用実施権者は，故意又は過失により自己の特許権又は専用実施権を侵害した者に対し，その特許発明の実施に対し受けるべき金銭の額に相当する額の金銭を，自己が受けた損害の額としてその賠償を請求することができる。

この記述を計算式で表すと，「侵害者が侵害品を譲渡した数量×実施料相当額」となる。

（社）発明協会から，「実施料率〔第5版〕技術契約のためのデータブック」（発明協会研究所編）が発行されている。この書籍は，昭和48年9月の初版以来，技術導入において外国企業とわが国企業が対価条項として取り決めた実施料を，日本産業分類に対応する31の分野について，調査したものである。特許権者等がすでに他に実施を許諾し，対価として実施料を徴収しているのであれば，それも上記計算式の実施料相当額に該当する考え方もある。

しかし，実施料相当額とは，必ずしも業界の相場や国有特許の実施料率に基づいて決められるものではないことに留意する必要がある。裁判によって認定された損害賠償額に，権利者，侵害者の諸般の事業が反映されず，通常受けるべき実施料だけが認定されたとすると，「バレてもともと，バレなければ儲けモノ」といった侵害を助長しかねない状況にあるのである。

平成9年当時のアンケート調査では，特許権侵害訴訟において裁判所が認定した損害賠償額が，回答者の72%は実際の損害額を下回っているとしており，また，通常の実施料相当額を上回る損害額を認定すべきであるとの回答が58%に上った[6]。

第6章 計算鑑定の損害額算定モデル

このような背景から，実施料相当額とは，通常受けるべき実施料ではなく，それを基礎とはしながらも，訴訟当事者間の具体的事情を考慮した妥当な額と考える必要がある。侵害者側の主張も当然考慮の対象となるが，権利者側は，下記①から⑤の検討が必要である。

実施料相当額は，下記の要素を考慮した上で認定される。

① **当該発明の属する業界の実施料率**
   - 上記「実施料率　技術契約のためのデータブック」における実施料率の趨勢
   - 業界における実施料および実施料率算定の慣行
   - 同業他社の実施料率の状況
   - 特許庁方式による試算
   - 国税庁方式による試算

② **権利者が実施している実施料率**
   - 契約当事者別実施料率の分析
   - 契約年度別実施料率の推移
   - 実施料率決定の根拠
   - 対象となる権利のライフサイクルとの関係分析
   - 取引規模と実施料率との関係分析

③ **特許発明の価値**
   - 当該特許権等の研究開発に要したコスト
   - 当該特許権等を登録して以降製品化するまでのコスト
   - 会社全体として回収すべき研究開発投資額および設備投資額
   - 製品化後実際に得られた過去の実績と当該特許権等の貢献度
   - 将来得られるインカムの現在価値と当該特許権等の貢献度

④ **当事者の業務上の関係**
   - 権利者と侵害者の取引関係，資本関係，融資関係および同族関係
   - 過去の侵害行為や取引上のトラブルの有無とその際の当事者の対応
   - 侵害者の営業に占める権利者の重要度

第3部　計算鑑定業務

- 侵害者の利益獲得に対する権利者の貢献度
- これまで締結した取引で与えた他社より有利な条件の有無

⑤　侵害者の得た利益
- 侵害者の損益推移の推測
- 侵害者の人的，資金的規模の推移
- 侵害品販売のための営業活動の有無
- 侵害品販売単価や販売条件の内容と推移
- 侵害者が得た全社利益のうちの当該侵害品の貢献

2　特許法第102条第3項の裁判例

図表6－10　特許法第102条第3項の裁判例

事件番号	平成17（ワ）第6346号　損害賠償請求事件
判　　決	東京地方裁判所　平成19年2月15日

主　　文
①　侵害者は，権利者に対し，金1億0109万4000円及び内金6932万8000円に対する平成17年3月1日から，内金3176万6000円に対する平成18年10月1日から各支払済みまで年5分の割合による金員を支払え。 ②　権利者のその余の請求を棄却する。 ③　訴訟費用は，これを3分し，その1を侵害者の負担とし，その余は権利者の負担とする。 ④　この判決は，①に限り，仮に執行することができる。

事　件　の　概　要
本件は，原告が，被告に対し，被告の製造販売する紙おむつが，原告の有する「使い捨て紙おむつ」についての特許発明の技術的範囲に含まれるとして，特許権侵害に基づく損害賠償を求めた事案である。

争　　点
争点を要約すると，下記のとおりである。 争点1：被告製品の構成 争点2：侵害品が，特許の構成要件を満たしているか。 争点3：本件特許発明が，特許法第29条第2項に違反しているか。 争点4：損害の額

第6章　計算鑑定の損害額算定モデル

損害額に対する裁判所の判断

① 売　上　高

　平成14年5月1日から平成18年9月末日までの被告製品の売上額は次のとおりである。本件の場合，当事者間にこの点での争いがない。
- 平成14年5月1日から平成17年2月末日　99億0400万円
- 平成17年3月1日から平成18年9月末日　45億3800万円

② 実施料率評価プロセス

　権利者は，発明協会発行の「実施料率（第5版）」をもとに，平成4年度から平成10年度における「パルプ・紙・紙加工・印刷」（それには，紙製衛生材料である「使い捨て紙おむつ」も含まれる。）の実施料率は，イニシャル有りで5％，イニシャル無しでは3％のものが最も多く，本件はイニシャル無しであるから，合理的実施料としては3％とするのが相当であると主張している。

　これに対する裁判所の見解は，以下の通りである。
- 本件特許発明は，権利品の基本構造に関する特許発明ではなく，当該製品の機能性を高める作用を有している。
- しかし，その作用効果は，侵害品について極めて顕著な効果を奏するものとは言い難いものである。
- 本件特許発明は進歩性を有するものの，これと類似した構造を有する特許発明が出願時に複数存在している。
- 本件特許発明の対象である権利品は廉価で，大量に消費される商品であり，本件特許発明が権利品に使用される複数の技術の一つにすぎない。

　以上から，裁判所は，本件特許発明の実施料率は比較的低いものと認定されてもやむを得ないものであると結論付けている。

　また，権利者が主張している発明協会発行の「実施料率（第5版）」の取扱に関しても，「紙加工品」は，段ボール・壁紙等の加工紙，学用紙製品，日用紙製品等の紙製品，セメント袋，ショッピングバック，紙製箱・コップ等の紙容器等及びセロファン，繊維板，紙製衛生材料，紙タオル，紙ヒモ等のその他パルプ・紙・紙加工品を含むことが認められる。このように，「実施料率（第5版）」の示す実施料率は，権利品以外の製品も広く含むのであって，この数値を直接の基準として本件特許発明の実施料率を定めることは相当でないとしている。

　以上の記述の後，裁判所は，本件特許発明の実施料率は0.7％をもって相当と認めている。

③ 本件の実施料相当額

　以上によれば，特許法第102条第3項によって算定される本件特許権の侵害による損害は次のとおりである。
　ア　平成14年5月1日から平成17年2月末日まで
　　　99億0400万円×0.7％＝6932万8000円
　イ　平成17年3月1日から平成18年9月末日まで

141

第3部　計算鑑定業務

　　　45億3800万円×0.7％＝3176万6000円
　ウ　合　　　計
　　　6932万8000円＋3176万6000円＝1億0109万4000円

3　特許法第102条第3項の計算フロー

①　侵害期間

平成14年5月1日から平成18年9月末日であった。

②　侵害品の販売額

図表6－11　特許法第102条第1項の裁判例における販売額

期　　　　間	販　売　額
平成14年5月1日から平成17年2月末日	9,904,000,000円
平成17年3月1日から平成18年9月末日	4,583,000,000円

③　実施料率算定要因

- 基本構造に関する特許発明か。
- 基本構造に関するものでない場合，当該特許発明の作用効果が，極めて顕著か。
- 進歩性があるか。
- 当該特許発明を出願した時点で，類似した構造の特許発明が存在していなかったか。
- 権利品は，当該特許発明単独で使用されているか，特許群か。

以上を総合的に評価して，裁判所は当該特許発明の実施料率を0.7％と認定した。

④ 損害額の認定

図表6－12　特許法第102条第1項の裁判例における損害額

期　　間	販　売　額	実施料率	実施料相当額
平成14年5月1日から 平成17年2月末日	9,904,000,000円	0.7%	69,328,000円
平成17年3月1日から 平成18年9月末日	4,583,000,000円	0.7%	32,081,000円
計			101,409,000円

（注）
1) 民事訴訟法212条1項　鑑定に必要な学識経験を有する者は，鑑定をする義務を負う。
2) 民事訴訟法213条　鑑定人は，受訴裁判所，受命裁判官又は受託裁判官が指定する。
3) （社）発明協会（2002）「特許侵害訴訟戦略」，213～214頁
4) 日本公認会計士協会編（2004）「知的財産紛争の損害額計算実務」
5) 東京地裁平成13年2月8日判決言渡し「平9年（ワ）5741号」
6) 特許庁（1997）「特許法等の改正に関する工業所有権審議会答申について」

（図表の出所）
1　日本公認会計士協会編（2004）「知的財産紛争の損害額計算実務」第一法規
2　坂上信一郎他（2006）「知的資産経営」同文舘出版

第7章 裁判例にみる諸概念と裁判所による認定

第1節 損害額算定モデルにおける利益概念

1 会計上の変動費,固定費概念

　譲渡数量の網羅性把握の次に重要になるのは,控除対象費用の範囲である。損害額算定における利益概念は,相当因果関係を基礎とした限界利益であると考えるのが一般的である。以下では,利益を導き出す上で議論される費用項目について検討する。留意しなければならないのは,利益概念について機械的に判断するのは禁物であるということである。事件の状況,侵害の状況などを十分検討した上で,侵害品の製造及び販売との相当因果関係から判断すべきであって,以下の内容は,あくまでも検討の上での参考に過ぎない。

　原価計算や管理会計で用いられる変動費や固定費は,計算期間が1ヶ月あるいは1年を前提としている。原価対象は,日常の定型業務から製造,販売される製品である。この短い期間の売上や製造といった操業度に対して固定的なものが固定費で,それに応じて変動的なものが変動費とされている。

　この判断基準で減価償却費を区分すると,固定費に当たることになる。侵害事件においても,「被告の販売した被告製品に対応する数量の原告製品を追加的に製造販売するに当たって,更に新たな設備の導入が必要であることを認めるに足りる証拠はないので,設備償却費は,費用として考慮しない[1)]」とするのが一般的である。

　損害額算定の基礎となる期間は,一律に1ヶ月,1年と明確に区切られた期間ではなく,侵害者によって侵害された期間である。この期間は,1年以上,

場合によっては5年以上の期間にわたる場合がある。こういった長い期間では，固定費も変動費化する可能性があることに留意する必要がある。

固定費の変動費化とは，侵害品の製造のために特別に取得した機械設備で，侵害期間にわたりその製造のために長期間使用し，侵害品の売上高と対応関係があるものの，その後侵害品の製造，販売を中止した時点で他の製品の製造には転用できず廃棄した場合，侵害品の売上高ゼロに対応して減価償却費も発生しないことになる。その点で，長期的には当該減価償却費は売上高に対して変動的と考えることができるのである。そのため，損害額算定モデルにおいては，減価償却費はいかなる場合も固定費であるという固定観念を持たないことが肝要である。

侵害行為を意図することなく製品製造のための機械を購入し，長期間使用に供した場合の減価償却費は，原価計算や管理会計の場合固定費として扱われるが，損害額算定においては，事件の状況によっては控除対象費用として扱われる可能性もある。特に，侵害期間が長期に及び，その間の侵害品の製造に不可欠なものとして専用に使用し，他に転用できない機械の場合，慎重な判断が必要となる。本書では紹介していないが，事件番号平成9年（ワ）第5741号のように，金型の減価償却費を控除対象費用として扱ったという裁判例もある。

2 販売促進費や広告宣伝費

侵害品を販売するのに個別に要した広告宣伝費・販売促進費は，控除対象費用として取り扱われることになる。情報誌への広告掲載料や，販売に伴う景品代がそれに相当する。一般的に広告宣伝費は，「原告商品を追加的に製造販売するに当たって追加的に支出が必要となる費用ということはできず，控除の対象とはならない[2]」が，侵害品の譲渡数量に応じて比例的な関係を有するだけの景品を必要とするような場合，そのための費用は控除の対象となると考えられる。

3 研究開発費

研究とは，新しい知識の発見のための調査及び探求をいう。開発とは，新しい製品・サービス・生産方法についての計画，設計または既存の製品等を著しく改良するための計画，設計をいう。具体的には，これらの目的のために費消された人件費，材料費，減価償却費その他一切の費用をいう。

こういった費用は，侵害品の製造販売以前に生じる費用であって，侵害品を追加的に製造販売するに当たって追加的に支出が必要となる費用ということはできず，したがって，控除の対象とはならないと考えられる。

4 物 流 費

物流費は実務上大別して，材料を調達するための物流費，社内移動のための物流費，販売のための物流費になる。会計上は，物品の取得価額は，当該物品の取得のために直接的，間接的に要した費用が対象となる。会社によって様々な処理がみられるが，傾向として下記のように要約できる。

① 費目別処理型

調達物流費と社内物流費に関して，人件費は製造費用の給料手当などに，材料費は製造費用の材料費に，調達や社内間移動のために物流業者に支払った運賃や外部委託費は製造費用の荷造運賃に，その他経費や減価償却費は製造費用の各費用科目で処理をする場合である。

販売物流費の中の人件費は，販売費及び一般管理費の給料手当などに，出荷のために物流業者に支払った運賃や外部委託費は販売費及び一般管理費の荷造運賃に，販売のための梱包材料は販売費及び一般管理費の消耗品費に，その他経費や減価償却費は販売費及び一般管理費の各費用科目で処理がなされる。

② 部門別処理型

物流部門があり，そこが調達，社内，販売物流のいずれも担当している場合で，当該部門の費用を物流部門費として集計，管理している場合である。この場合一般的に，販売物流費も含め製造費用の各費用科目に計上する場合と総額

を製造費用の荷造運賃に計上している場合がある。

③ 販管費処理型

物流業者への外部委託費の支払いのみを販売費及び一般管理費の荷造運賃に計上し，物流機能の担当者の人件費や梱包材料費は，それぞれ販売費及び一般管理費の給料手当や消耗品で処理する場合である。物流費が調達か，社内か，販売かを問わず簡便的に処理を行っている。物流機能の会社全体に対する貢献が低いという判断が経営者にあるためである。

実際の物流費の処理は，特に中小企業の場合，上記以外にも様々ある。この処理には，該当する費用の金額的重要性，経営者の視点での物流機能の戦略的重要性，社内の物流管理体制が反映されている。特殊な業態を除けば，売上高に占める物流費は数パーセントである。この費用の削減努力は収益性改善の源となるものであるが，一般的にはそういった認識がされていないのが現実である。

しかし，侵害品による損害額推定における物流費の位置づけは重要なものであると考えられる。物流直接費は控除対象費用として認定できる可能性が高く，物流間接費の中にも控除対象となる費用が多く含まれている可能性があるからである。侵害者側では，物流直接費の適正な集計と，物流間接費を控除対象とすべきとする適切な説明が必要となる。そのためには，次のような手続が必要となる。

① 物流全体の把握

会社の物流部門，物流機能についての把握がまず必要になる。物流組織，従業者数，物流設備，配置，他の物流業者への業務委託についての物流全体からの現状把握が必要である。

② 物流業務のフローの把握

物流機能を調達物流，社内物流，販売物流に分け，その業務フローを把握する必要がある。

第7章　裁判例にみる諸概念と裁判所による認定

③　物流に関係する書類のフロー把握

　物流業務フローに関連して，どのような書類が作成され，その書類がどの部署に移動し，どのような処理がなされ，どこで保管されているかについてのフローを把握する必要がある。具体的に作成される書類名も明らかにする。

④　会社の物流費に関する会計処理の把握

　会社の物流費が，前出の費目別処理型か，部門別処理型か，販管費処理型かを把握する。

⑤　侵害品のフローと上記業務，書類及び会計処理の把握

　侵害品の製造販売ルートを明確にする過程で，物流機能との関係がわかる。どのような物流機能を経由して外部に譲渡されたか，その過程でどのような書類を作成し，それによってどのような会計処理がなされたのかを把握する。

⑥　侵害品譲渡と相当因果関係が認められる物流直接費の把握

　以上の情報を得ることで，侵害品と相当因果関係が認められる物流直接費が明確になる。たとえば，梱包材料費，補助材料費，配送費，荷役費などを特定化する。

⑦　侵害品譲渡と相当因果関係が認められる物流間接費の把握

　侵害品を購入し販売するのに社内の物流機能を経由する中で，会計区分としては間接費ながら，侵害品の譲渡と相当因果関係が認められるものがないかと，相当因果関係ありと判断できる理由を明確にする。当該物流間接費が，「侵害品を追加的に製造販売するのに追加的に発生する費用」であるかが判断の基準となる。

5　役員報酬を含む人件費

　役員報酬は，経営全般の管理監督する役員への対価である。侵害品を追加的に製造販売するのに追加的に発生する費用とは言い難い。この点では，研究開発費と同様である。役員でありながら報酬が侵害品の製造販売に対する出来高によって支給されるような，極めて稀な支給形態でなければ，控除の対象とはならないと考えられる。

6　金融費用

　現時点では，裁判例の中に，支払利息について言及したものは見当たらない。追加的に製造販売するに当たって支払利息は必ずしも追加的に発生するものではないため，控除対象費用には該当しないと考えるのが妥当である。

　侵害品の製造・販売のために専用で，他に転用のできない機械装置を，銀行の融資を受けて購入した場合，機械装置の減価償却費や，場合によっては機械装置の取得価額相当額が控除対象費用として認められる可能性もある。それは，製造・販売のための相当因果関係が認められた場合である。しかし，このような状況を想定しても，機械装置購入のための借入金利息と侵害品の製造・販売との間には，「侵害品を追加的に製造販売するのに追加的に発生する費用」という因果関係は認められないのである。

第7章　裁判例にみる諸概念と裁判所による認定

第2節　寄　与　率

1　損害額算定モデルにおける寄与率の意義

　特許法第102条第1項及び第2項の損害額算定モデルには，寄与率という調整要素が含まれている。寄与率とは，侵害者が実際に製造・販売したときに得られた利益のうち当該特許権の寄与の度合いを表す。仮に侵害された特許権の寄与率が80％であれば，損害額算定モデルに従って算定された利益の額の80％が当該特許権の寄与分であるとするのである。寄与率の推定については，機械的に算定する方法はない。

2　一般的知的財産権価値評価フローと寄与率

　損害額算定モデルにおける寄与率の議論の前に，知的財産権の一般的な価値評価における寄与率について検討する。一般的に知的財産権は下図のような価値評価フローとなる。

図表7－1　一般的知的財産権価値評価フロー

評価対象となる特許発明の技術評価	特許発明の技術検討／技術的寄与の検討／技術的比較優位性の検討
↓ 評価対象となる特許権を含む事業の価値評価	価値形成要因（市場，市場性，事業性，リスク）の検討／評価アプローチの検討／知的財産の評価
↓ 評価対象となる特許権の価値評価	価値形成要因（寄与）の検討／●技術的寄与／●事業的寄与

　一般的な知的財産権の価値の前提は，評価対象となる知的財産権を含む事業が実現可能であるということである。あるいは，事業化が可能であり，事業予

測が立てられるということである。損害額算定モデルの場合，特許発明は特許権として登録済みの権利である。その点で上図の特許発明の技術的評価は不要である。

また，損害額算定モデルの場合，権利者，侵害者の双方あるいは侵害者が事業化を実現しており，すでに当事者が利益を得ている。上図の「評価対象となる特許権を含む事業の価値評価」とは，事業化の初期段階あるいは事業化前に，事業の価値評価を行うものであり，将来創出される価値を算定することである。したがって，損害額算定モデルの場合，事業の価値評価も不要である。

本項の寄与率と関係するのが上図の特許権の価値評価である。上図では，事業の価値評価を行い，事業価値に占める当該特許権の寄与の程度を算定するのである。特許権の価値評価と損害額算定モデルが異なるのは，前者が将来の利益や営業フリー・キャッシュ・フローの現在価値の合計として表されるのに対して，後者は侵害品の過去の実際の譲渡数量をもとに算定されるという点である。

寄与は，技術的寄与，法的寄与及び事業的寄与に区分される。図表7－1の事業評価から特許権の評価までには，下図のような特許網の評価が行われる。事業化の対象となる製品は複数の特許権から構成されている。寄与率の検討は事業全体から特許網の価値の抽出，特許網の価値から当該特許権の価値の抽出という段階を進めることとなる。

図表7－2　一般的知的財産権価値評価における特許網を含む評価フロー

```
┌─────────────────────────────────────────────┐
│       評価対象となる特許権を含む事業の評価額       │
└─────────────────────────────────────────────┘
                      ↓
┌─────────────────────────────────────────────┐
│  評価対象となる特許権を含む特許網の価値評価         │
│  （理想特許権の価値評価）                         │
└─────────────────────────────────────────────┘
                      ↓
┌─────────────────────────────────────────────┐
│         評価対象となる特許権の価値評価             │
└─────────────────────────────────────────────┘
```

3 特許網の寄与率と損害額算定モデルの調整要素

　侵害された特許権を含む侵害品の譲渡によって権利者に生じた損害額は，まず全体から当該特許権を含む特許網の寄与の度合いを求める必要がある。

　なお，損害額算定モデルの調整要素には，権利者が販売できない事情・実施の能力と寄与率に分けられる。特許法第102条第1項及び第2項において寄与率はいずれの算定モデルにおいても調整要素を構成している。

　それに対して権利者が販売できない事情・実施の能力は，第1項のみの調整要素である。第1項は権利者の利益を基礎としている。つまり，第1項の場合，権利者では到底及ばないだけの侵害者の豊富な資金力，高い製造能力，強力な販売能力に寄与して実際には侵害品が販売されたのであれば，それは権利者に寄与しないものとして減額する余地を残したものであると解される。

　この場合，この調整要素についての立証責任は侵害者にある。権利者としては潜在的な能力があるという状況で足りると解される。侵害者に豊富な資金があったことで営業担当者を雇用し，製品を大量に製造できたのに比べて権利者にはそれだけの資金力がないと侵害者が主張しても，権利者としては必要な設備資金と運転資金を借入れるだけの能力があったことを説明できれば足りる。特許法第102条第1項においては，一般的知的財産権価値評価における事業価値から特許網の寄与分を抽出する手続に該当するのが，権利者が販売できない事情・実施の能力ということになるが，この調整要素の適用は限定的であると解される。

　一方，特許法第102条第2項には，この調整要素がない。第2項は，侵害者の得た利益を基礎として損害額を推定する損害額算定モデルである。侵害された特許権を含む特許網以外の貢献や寄与は，侵害者の豊富な資金力，高い製造能力，強力な販売能力ということになるが，侵害者の利益算定に考慮済みであることから，同条第1項のような権利者が販売できない事情・実施の能力といった調整要素は考慮しないものと解される。

　侵害者が他社より優秀な営業担当者を雇用しその人件費が高ければ，それが

侵害者の利益を圧迫しているのであれば，算定される損害額も低くなる。その分侵害された特許権を含む特許網からの損害額は低くなるのである。

一方，高い製造能力によって低い製造費用で侵害品を製造しても，その分は侵害者の利益に貢献したものであるが，調整要素がないことで，その分損害額は高くなるのである。侵害者の豊富な資金力，高い製造能力，強力な販売能力は，侵害された特許権を含む特許網に含まれることになる。

4　特許網に占める特許権の寄与率

侵害品は複数の特許権から構成されている場合が多い。この場合，特許網に占める侵害された特許権の寄与率を算定することになる。既述のように，寄与率に機械的な算定式があるわけではない。侵害された特許権の寄与率に関する判断基準は，当該特許発明の新規性と進歩性である。具体的には，発明の技術的性格に対する技術的優位性と代替技術に対する技術的優位性の面から検討することになる。

侵害された特許権の技術的性格に対する技術的優位性は，下記の3段階で検討する。

① 基本的な技術の発明

　他の技術をほとんど参照しておらずきわめて先進性が高いもの，既存の技術とは大幅に異なっている発明であること。

② 大幅な改良技術の発明

　他の技術を参照しているが，ほとんどの場合，一つでも成り立つ発明であること。

③ 小幅な改良技術の発明

　他の技術を多く参照しており，それらの技術を前提として実施される。

また，代替技術に対する技術的優位性の面からは，下記の3段階で検討することになる。

① 代替技術なし

② 代替技術はあるが，侵害された特許技術の方が相対的に優位

③ 代替技術があり，侵害された特許技術の方が相対的に不利

これらを総合的に検討して，寄与率を算定することとなる。

図表7－3　寄与率と技術的優位性

		侵害された特許権の技術的性格に対する技術的優位性		
		基本的な技術	大幅な改良技術	小幅な改良技術
代替技術的優位性に対する性	代替技術なし	高い寄与率		
	代替技術はあるが，侵害された特許技術の方が相対的に優位			
	代替技術があり，侵害された特許技術の方が相対的に不利			低い寄与率

5　特許法第102条第2項の裁判例にみられる寄与率

裁判例として，平成16年（ワ）第1307号特許権侵害差止等請求事件で，移載装置に関する特許権を有する権利者が，侵害者の製造，販売したパレット積替装置は権利者の有する特許発明の技術的範囲に属すると主張して，侵害者に対し，同特許権に基づき，その製造等の差止め及び損害賠償等の支払を求めた事案がある。権利者は，特許法第102条第2項に基づく損害額を請求している。

この事件で，権利者は寄与率50％を主張し，侵害者は10～15％を主張したのに対して，裁判所はこれを20％と認定した。この裁判例の判断基準は，特許発明の新規性と進歩性がある。この裁判例での具体的な判断基準は，下記のとおりである。

① 先行する類似品の有無

事件の対象となる特許出願日は，平成5年4月14日であるが，それよりも1年以上前に，本件発明と類似する先行品が製造されている事実が存在する。

② 特許発明の経済的マイナス面の有無

本件発明の実施品を設置する場合には，余分な設置スペースを要し，工場に

穴（ピット）を設ける必要がある。

③ 侵害品の技術的優位性

侵害品は権利品にない技術を有しており，スリップや蛇行が発生しにくく，短時間でベルトの修理や交換が可能であるなどの利点がある。

第3節　実施料相当額

1　裁判例に見られる実施料相当額の決定要素

　知的財産の評価アプローチは，インカム・アプローチ，マーケット・アプローチ及びコスト・アプローチに区分されるのが一般的である。

　インカム・アプローチは，知的財産の権利存続期間中に獲得が期待される将来キャッシュ・フローの価値に焦点を当てるアプローチである。マーケット・アプローチは，不特定多数の参加者が形成する市場で形成される価値や，独立した第三者を売り手および買い手として両者が合理的意思決定のもとで合意するであろう取引事例等に基づいて知的財産を評価するアプローチである。また，コスト・アプローチは，当該知的財産に費消した過去の正常実際原価の総額をもって知的財産の価値とするアプローチである。

　コスト・アプローチは，過去に費消した額が多額であればあるほど当該知的財産の価値は高いという結果に導かれることになり，実務上はなじみにくいアプローチである。このアプローチ以外のインカム・アプローチとマーケット・アプローチに，特許法第102条第3項の実施料相当額の決定要素を分類すると，図表7－4のようになる。

図表7－4　二つのアプローチと実施料相当額の判断要素

アプローチ		判断要素の内容
インカム・アプローチ	判断要素	基本特許か，周辺特許か 権利範囲が広範か 作用効果は極めて顕著か 類似構造の特許発明があるか 代替技術があるか 商品の特許群のひとつか，単独か 当該製品のコア技術か 流通している市場の規模と市場ライフサイクル 商品自体のシェアやライフサイクルにおけるライフステージ 当該特許発明のライフサイクルにおけるライフステージ 業界の実施料率に関する慣行や傾向
マーケット・アプローチ	参照料率	発明協会発行の「実施料率（第5版）」に示された同分類の製品の実施料率 当事者間ですでに締結されている実施許諾に関する契約書に記載された実施料率 権利者が同様の特許発明に関してすでに締結されている契約書上の実施料率

　特許法第102条第3項の立法趣旨は，前出のように，実施料相当額とは，必ずしも業界の相場，国有特許の実施料率に基づいて決められるものではないことに留意する必要がある。裁判によって認定された損害賠償額に，仮に，権利者，侵害者の諸般の事業が反映されず，通常受けるべき実施料だけが認定されたとすると，「バレてもともと，バレなければ儲けモノ」といった侵害を助長しかねない状況にあるのである。その点で，マーケット・アプローチは，参照料率と位置づけるべきである。

　特許法第102条第3項の立法趣旨に基づくならば，実施料相当額は，インカム・アプローチで第一義的に検討すべきである。

2 実施料相当額決定の困難性

(1) マーケット・アプローチにおける参照料率

発明協会発行の「実施料率（第5版）」でも，当該特許発明に合致する区分にはなっていない。当事者間ですでに締結されている実施許諾に関する契約書に実施料率が記載されていたとしても，それがそのまま採用できるわけではない。料率決定の経緯を再調査する必要がある。

特に，発明協会発行の「実施料率」は，適用に当たっては下記の問題を留意する必要がある。

- 「実施料率」は，外国技術導入契約の実施料を基にしたものである。
- 「実施料率」は，調査対象の区分が例えば「パルプ・紙・紙加工・印刷」と広範であり，争っている侵害品に適合するかの判断が必要である。
- 業界によっては，複数の特許を包括的に実施許諾する場合が多く，「実施料率」は，そこまでは網羅されていない。

(2) インカム・アプローチの判断要素

インカム・アプローチの判断要素については，上図に示したとおりである。長所としては，侵害された特許権の固有の属性について検討しそれを反映することができるという点である。反面，下記の点については短所として留意が必要である。

- 誰もが同一の結果になるような客観的な判断要素が少ない。
- 主観性や恣意性が介入する余地がある。
- 数値化が困難な判断要素がある。

後述の裁判例で述べるとおり，実施料相当額として発明協会発行の「実施料率」が全面的に適用されるケースよりも，侵害事件で個別にこれが検討される場合が多いことから，インカム・アプローチにおける判断要素が優先されると考えるべきである。インカム・アプローチには上記の留意点があるものの，努めて下記の手順を踏んで検討をする必要がある。

- 信用ある資料を使用する。
- 客観的な判断要素を優先的に検討する。
- 数値化に努める。

⑶ **算　定　式**

インカム・アプローチに示された判断要素から自動的に実施料相当額を算定できるような計算式がない。この点については上記⑵のとおりである。判断要素を個々に検討し，総合的に判断するしかないのである。

3　裁判例にみられる実施料相当額の認定

⑴　特許発明が基本構造かで実施料相当額が認定された裁判例

この裁判例では，対象となった特許発明が，進歩性を有すると認められるものの，基本構造に関するものではなく，その作用効果も顕著なものとも言い難く，すでに類似する特許発明が複数存在し，しかも，複数の技術の一つに過ぎないことから，実施料率は比較的低いものと認定された例である。

なお，同事件の概要や争点に関しては，第6章の図表6－10　特許法第102条第3項の裁判例を参考にされたい。

第7章 裁判例にみる諸概念と裁判所による認定

図表7－5　実施料相当額の裁判例における認定例（その１）

事件番号	平成17年（ワ）第6346号　損害賠償等請求事件
侵害財産権	特許権
裁判所	東京地方裁判所
判決言渡	平成19年２月15日

事　件　の　概　要

　権利者は，紙・板紙の製造加工，販売等を業とする株式会社である。
　この事件は，権利者が，侵害者に対し，侵害者の製造販売する紙おむつが，権利者の有する「使い捨て紙おむつ」についての特許発明の技術的範囲に含まれるとして，特許権侵害に基づく損害賠償を求めた事案である。

判　決　の　概　要

　侵害者は，権利者に対し，金１億0109万4000円及び内金6932万8000円に対する平成17年３月１日から，内金3176万6000円に対する平成18年10月１日から各支払済みまで年５分の割合による金員を支払えというものである。

実施料相当額の基礎となる実施料率

実施料に関する権利者の主張

　発明協会発行の「実施料率（第５版）」に，平成４年度から平成10年度における「パルプ・紙・紙加工・印刷（それには，紙製衛生材料である「使い捨て紙おむつ」も含まれる）」の実施料率は，イニシャルペイメントありの場合で５％，イニシャルペイメントなしの場合で３％のものが最も多く，この事件はイニシャルペイメント無しであるから，合理的実施料としては３％とするのが相当であると主張する。

実施料に対する裁判所の判断

　本件特許発明は，使い捨て紙おむつの基本構造に関する特許発明ではなく，構成要件Ａ及びＢの構造を有する紙おむつにおいて前後漏れ防止を確実に達成できるとともに，着用感に優れた使い捨て紙おむつを提供することを目的とするものである。
　そして，その作用効果は，本件特許発明の技術的範囲に属すると判断される侵害品についてなされた前記の各実験からみても，前後漏れ防止について極めて顕著な効果を奏するものとは言い難いものである。
　本件特許発明は，進歩性を有するものの，これと類似した構造を有する特許発明が出願時に複数存在していたこと及び本件特許発明の対象である紙おむつは廉価で，大量に消費される商品であり，本件特許発明が紙おむつに使用される複数の技術の一つにすぎないことからして，本件特許発明の実施料率は比較的低いものと認定される。
　発明協会発行の「実施料率（第５版）」における「紙加工品」は，段ボール・壁紙等の加工紙，学用紙製品，日用紙製品等の紙製品，セメント袋，ショッピングバック紙製箱・コップ等の紙容器等及びセロファン，繊維板紙製衛生材料，紙タオル，紙ヒ

第3部 計算鑑定業務

モ等のその他パルプ・紙・紙加工品を含むことが認められる。

このように，発明協会発行の「実施料率（第5版）」は，使い捨て紙おむつ以外の製品も広く含むのであって，上記の諸事情に照らせば，この数値を直接の基準として本件特許発明の実施料率を定めることは相当でない。

以上の諸事情を考慮すれば，本件特許発明の実施料率は0.7％をもって相当と認める。

(2) 取引関係の実情等を考慮して実施料相当額が認定された裁判例

図表7－6　実施料相当額の裁判例における認定例（その2）

事件番号	平成16年（ワ）第24626号　特許権侵害差止等請求事件
侵害財産権	特許権
裁判所	東京地方裁判所
判決言渡	平成19年3月23日
事件の概要	
権利者は，アルミニウム第2次製錬・精製業等を目的とする株式会社であって，溶融アルミニウムを，日本のある自動車メーカーの各工場に納入している。 侵害者は，アルミニウム及びその合金再生塊の製造加工並びに売買等を目的とする株式会社であり，アルミニウム製造メーカーの子会社である。侵害者は，溶融アルミニウムを権利者と同じ自動車メーカーのある工場に納入している。 本件は，権利者が，侵害者に対し，侵害者の使用する溶融アルミニウム合金搬送用加圧式取鍋が，権利者の有する特許発明の技術的範囲に含まれ，また，権利者の有する意匠権に係る意匠と類似するとして，特許権侵害及び意匠権侵害に基づき前記加圧式取鍋の使用差止等及び損害賠償を求めた事案である。	
判決の概要	
侵害者は，権利者に対し，金7293万7600円及び内金1000万円につき平成16年12月1日から，内金6293万7600円につき平成18年5月26日から各支払済みまで年5分の割合による金員を支払えというものである。	
実施料相当額の基礎となる実施料率	
実施料に関する権利者の主張	
侵害者は，本件に関して複数の特許発明の技術的範囲に属する侵害品を使用して溶融アルミニウムを納入しなければ，自動車メーカーの工場への納入が困難な状況にある。このことを考慮すれば，侵害者において本件各特許発明を実施する価値は高いと権利者は主張している。 したがって，溶融アルミニウムの納入価格のうち，いわゆる独立項である本件特許発明の10件については，それぞれ，1パーセント相当の金額の実施許諾料を支払うべ	

きであり，また，いわゆる従属項である本件特許発明の3件については，それぞれ，0.5パーセント相当の金額の実施許諾料を支払うべきである。

実施料に対する裁判所の判断

「実施に対し受けるべき金銭の額に相当する額」は，取引関係の実情等を考慮して相当な額を決すべきである。まず，侵害者は，当該自動車メーカーに対し，本件各特許発明の技術的範囲に属する侵害品を使用して溶融アルミニウムを納入しなければ，その工場への納入が困難な状況にある。すなわち，権利者と侵害者とは，その自動車メーカーの当該工場において競業関係にあるところ，侵害者はその工場へ溶融アルミニウムを納入するに際し自動車メーカーの要請により加圧式で公道運搬可能な取鍋であり，本件各特許発明の構成を備えた侵害品を使用する必要があり，また，平成14年12月の溶融洩れ事故によりその安全策にも配慮した本件各特許発明の安全装置を備えた侵害品を使用する必要もあるのである。

そして，侵害者は，加圧式取鍋である侵害品を使用して，溶融アルミニウムをその工場に納入販売することにより，利益を得ているのであるから，その溶融アルミニウムの納入販売による利益と，加圧式取鍋である侵害品の使用との間には，相当因果関係があるというべきである。このような取引関係の実情からすれば，本件各特許発明の実施料を決めるにあたっては，侵害者が侵害品を使用してその工場に納入した溶融アルミニウムの売上げ（具体的には納入価格）を基準に，これを決するのが相当である。

侵害者は，平成15年5月12日ころから現在に至るまで，侵害品による溶融アルミニウムの自動車メーカーのその工場への納入を行っており，平成15年は8000トン，平成16年は1万4610トン，平成17年は1万3960トンの納入をしたこと，溶融アルミニウムの納入価格は，1キログラム当たり，①平成15年5月から同年12月までが平均187円（1円未満の端数は切捨て。以下同じ），②平成16年1月から同年12月までが平均200円，③平成17年1月から同年12月までが平均206円であることが認められる。

したがって，溶融アルミニウムの納入価格は，次のとおり認められ，その合計は72億9376万円である。
- 平成15年5月から同年12月　14億9600万円（平均187円）
- 平成16年1月から同年12月　29億2200万円（平均200円）
- 平成17年1月から同年12月　28億7576万円（平均206円）

侵害品による納入は，納入先である自動車メーカーの承認を必要とするものであり，侵害者は溶融アルミニウムを同社の工場に納入するに当たり，本件各特許発明を実施した侵害品を使用して納入する必要があること，すなわち，本件各特許発明は，いずれもその工場に対し，溶融アルミニウムを納入するための加圧式取鍋に必要な構成であること，一方，本件各特許発明は，圧運搬式取鍋の全体的な構成に関する発明ではなく，部分的な改良発明であること，さらに，権利者と侵害者は競業関係にあり，侵害者が溶融アルミニウムを納入することができない事情があれば，権利者が溶融アルミニウムを納入することが可能な状況であること等の取引関係の実情及び本件特許発

第3部　計算鑑定業務

明の内容に照らせば，本件特許発明の相当な実施料は，本件特許発明をすべてあわせて，溶融アルミニウムの納入価格の0.7パーセントであると認めるのが相当である。

本件意匠権侵害についても侵害者の意匠を用いた侵害品を使用しなければ侵害者は，自動車メーカーのその工場に，溶融アルミニウムを納入することができなかったことは本件各特許と同様であるから，侵害者のその工場に対する溶融アルミニウムの納入価格を基準とするのが相当であり，本件意匠が，加圧式取鍋全体に係る意匠であること等を考慮すれば本件意匠の実施料は，溶融アルミニウムの納入価格の0.3％であると認めるのが相当である。

したがって，権利者は，侵害者に対し，溶融アルミニウムの納入価格の合計額である72億9376万円の1％である7293万7600円を損害賠償として請求することができる。

(3) **特許発明が基本構造であり権利品が消費者に広く浸透し売上に貢献している点から実施料相当額が認定された裁判例**

図表7－7　実施料相当額の裁判例における認定例（その3）

事件番号	平成17年（ワ）第15327号　損害賠償請求事件
侵害財産権	特許権
裁判所	東京地方裁判所
判決言渡	平成19年4月24日
事件の概要	
本件は，レンズ付きフイルムユニット及びその製造方法に関する後記2件の特許権（以下総称して「本件各特許権」という）を有していた権利者が，侵害者らが侵害品を輸入・販売した行為は，本件各特許権を侵害すると主張して，侵害者らに対し，損害賠償を求めたのに対し，侵害者らが，本件各特許権は侵害品について消尽し，その効力は侵害品の輸入・販売の行為には及ばないと主張して争っている事案である。 権利者は，昭和9年1月，写真フイルム製造を主な事業として設立された法人である。侵害者は，レンズ付きフイルムユニットから撮影済みのフイルムを収容したパトローネを取り出した，レンズ付きフイルムユニットの回収，輸出，及び詰め替えレンズ付きフイルムユニット（以下「詰替品」という）の輸入，販売を行う法人である。 また別の侵害者は，撮影済みのフイルムを収納したパトローネを取り出した後のレンズ付きフイルムユニットに未露光フイルムロールを収納したレンズ付きフイルムユニットの販売を行う法人である。	
判決の概要	
侵害者は，権利者に対し，3978万8482円及びこれに対する平成17年8月9日から支払済みまで年5分の割合による金員を支払え。また，別な侵害者については平成17年	

第7章 裁判例にみる諸概念と裁判所による認定

8月7日から各支払済みまで年5分の割合による金員を支払え。

実施料相当額の基礎となる実施料率

実施料に関する権利者の主張

以下の事情を考慮すると6.8%より高い率少なくとも10%が「特許発明の実施に対し受けるべき金銭の額」の算定にあたり，基準とされるべきである。
理由：
　精密機械器具（カメラを含む）の分野におけるライセンス契約でイニシャルペイメントなしの場合，売上高の6.8%をもって実施料率とするのが平均的である。
　通常のライセンス契約と同じ実施料率基準で「実施に対し受けるべき金銭の額」が認定されるにすぎないとすると，かえって契約条項上の制約が存在するライセンス契約など締結せず，特許権侵害行為を行ったほうが得をするという状況を誘発する。このような事態を防ぐためにも特許法第102条第3項の「実施に対し受けるべき金銭の額に相当する額」を算定するにあたっては，単に通常のライセンス契約事例における実施料率のみを基準とするのではなく，同種侵害行為を抑止する観点も加味すべきであり，このような観点は，特許法第102条第3項の趣旨にも沿う。

実施料に対する裁判所の判断

　本件各特許権はいずれも権利品において重要な役割を占めるものであることが明らかである。すなわち，本件特許権は権利品の基本構造に関わる重要な特許であると認められる。また，本件特許が出願された昭和62年当時のレンズ付きフィルムユニットの国内販売数は年間数百万個であったが，その翌年には年間1000万個を超え，以後急速にその販売数は増加し，近年デジタル撮影機器が急速に普及したことに伴い販売数が減少しているとはいえ，平成16年でも年間約6000万個が販売されており，カラーネガフィルムに占めるレンズ付きフィルムユニットの率は増加していることなどからみて，権利品が，消費者に広く受け入れられ，多額の売上げをあげていると認められ，以上からすれば，本件各特許権の実施料率を低く算定するのは相当ではない。
　また，カメラ等の精密機械器具の実施料率の平均は，イニシャルありの場合は5.3%，イニシャルなしの場合は6.8%で，いずれの場合も5%台とする例が最も多い。なお，実施料率が8%以上の例の大半は，技術ではなく商標に関わるものであり，技術に関する例の中でも大半は，メガネ，サングラス，時計，計測器等カメラ以外に関するものである。
　以上の事情を総合考慮すれば，本件各権利侵害において，実施料相当額の損害を算定するに当たり基礎とすべき実施料率は，本件特許権について5%，他の特許権について3%と認めるのが相当である。

第3部 計算鑑定業務

(4) 膨大な数の特許を包括的に実施許諾する業界においても基礎的で重要性の高い発明である点が認定された裁判例

図表7-8 実施料相当額の裁判例における認定例(その4)

事件番号	平成17年(ワ)第17182号 特許権侵害差止等請求事件
侵害財産権	特許権
裁判所	東京地方裁判所
判決言渡	平成19年8月30日

事件の概要

　権利者は,コンピュータ及び多岐にわたる半導体製品の製造・販売を業とする著名な電機メーカーである。

　侵害者は,SDRAM等の半導体メモリの製造・販売を業とする台湾の訴外会社の日本子会社であり,SDRAM等の半導体メモリの輸入販売等を業とする株式会社であって,台湾の訴外会社の日本における独占的販売代理店である。

　本件は,半導体装置に関する特許権及び本件特許発明を有する権利者が,侵害者が侵害品を輸入・販売する行為は,本件特許権を侵害すると主張して,侵害者に対し,侵害品の製造,譲渡,貸渡し,譲渡若しくは貸渡しのための展示又は輸入の差止め,侵害品の廃棄,及び,損害賠償を求めている事案である。

判決の概要

　侵害者は,権利者に対し,1億円及びこれに対する平成17年8月26日から支払済みまで年5分の割合による金員を支払えというものである。

実施料相当額の基礎となる実施料率

実施料に関する権利者の主張

　本件特許発明は,DDR SDRAMの動作の高速化・実用化にかかわる重要な発明であること,「電子・通信用部品」(先の裁判例で引用された「実施料率(第5版)」と解されるが)にかかる実施料率の平均値等にかんがみれば,本件特許発明の実施料率は,5パーセントを下らない。

　なお侵害者は,半導体の分野においては,無数の特許が存在しており,数万件の特許を包括的に実施許諾することが多い上,複数の企業から実施許諾を受けざるを得ないことが多く,包括的な実施許諾であっても実施料率が1%を超えることなどないということは業界の常識であると主張している。

実施料に対する裁判所の判断

　本件特許発明は,異なるタイミングで取り込んだアドレス及びデータを正確かつ高速に処理する半導体装置を提供することを目的とし,また,リード動作時に最短時間で出力を得ようとするものであることは,DDR SDRAMの動作の高速化,実用化に

かかる技術に関する発明であって，DDR SDRAMの規格に関わる（規格を決める上で欠かすことができない）ものと認められる。

したがって，DDR SDRAMを製造・販売するには多数の特許が必要であり，侵害者の主張するとおり，半導体の分野では膨大な数の特許を包括的に実施許諾することが多いとしても，本件特許発明は，その中でも基礎的で重要性の高い発明であるというべきである。

また，DDR SDRAMは，多種多様な電子製品に利用されるものであり，侵害者による侵害品の売上高は，膨大な額にのぼる上，年々増加している。

さらに，「電子・通信用部品」に関する実施料の平均は，平成4年度ないし10年度で，イニシャルありの場合は3.5%，イニシャルなしの場合は3.3%で，最頻値が1%であり，実施料率が8%以上の高率の契約の大半を，半導体に関する契約が占めている。

以上の諸事情にかんがみれば，「実施料率（第5版）」は，外国技術導入契約の実施料を基にしたものであること，半導体分野の場合，複数の特許を包括的に実施許諾する場合が多いこと，その他，権利者・侵害者が挙げる実施料率の例等を考慮したとしても，本件特許権侵害において，実施料相当額の損害を算定するに当たり基礎とすべき実施料率は，1%と認めるのが相当である。

（注）
1） 東京地裁平成13年7月17日判決言渡し「平成11年（ワ）23013号」
2） 東京地裁平成14年3月19日判決言渡し「平成11年（ワ）23945号」

第8章　公認会計士による計算鑑定業務

第1節　計算鑑定人制度の趣旨

1　特許法第105条の2

　平成10年，11年の特許法改正で訴訟手続面の見直しが図られたことは，既に述べたとおりである。計算鑑定人制度もそのひとつである。特許法第105条の2は，次のように規定している。

特許法第105条の2
　特許権又は専用実施権の侵害に係る訴訟において，当事者の申立てにより，裁判所が当該侵害の行為による損害の計算をするため必要な事項について鑑定を命じたときは，当事者は，鑑定人に対し，当該鑑定をするため必要な事項について説明しなければならない。

　この条文を要約すると，鑑定人制度とは下記のような概要であることがわかる。
① 計算鑑定人が選任されるのは特許権等の権利侵害訴訟においてである。
② 計算鑑定人は，当事者のいずれかの申立てによる。
③ 計算鑑定は，裁判所によって命じられる。
④ 鑑定に際しては，裁判所があらかじめ鑑定を要する事項を取りまとめる。
⑤ 鑑定事項は，損害の計算をするために必要なものが対象となる。
⑥ 計算鑑定人の求めに応じて，当事者は説明に応じなければならない。
計算鑑定が実施しやすい環境の整備が必要である。まず，裁判所は損害額の

算定に必要な文書の提出を命令することができることとした（特許法第105条第1項）。これによって算定のできる状況を準備し，鑑定に際しては，鑑定事項の調査に必要な説明を当事者は義務として負うこととした（特許法第105条の2）。

そもそも鑑定とは，鑑定人を証拠方法とする証拠調べをいい，鑑定人は自己の専門的知識を具体的事例に適用して得られる結論・判断を意見として報告し，裁判官の判断能力を補充する第三者である。鑑定人から報告された意見に基づき事実を認定判断するのは裁判所であり，鑑定人の意見を採用するかどうかは裁判所が判断する[1]ことになる。

2　計算鑑定業務の意義と特徴

計算鑑定人には経理・会計の専門知識を有する公認会計士等が選任されることが多いが，公認会計士が選任された場合，下記の点が期待される。

(1)　会計に対する経験と知識

裁判における当事者による侵害論の展開は，専ら特許発明の技術的側面での議論である。それに対して損害に関する議論は，会計取引に係わる内容である。会計帳簿を正確かつ迅速に調査しなければならない点や，証憑書類との照合が必要になる点，コンピュータ出力書類を調査する必要がある点，さらに，提出された各種文書の信頼性などに関して適正に評価する必要がある点では，これらの面で経験と知識が要求される。

(2)　業務に対する経験と知識

業務の形態は様々である。会計システムは，様々な業務形態に対応して構築されている。会計システムの背景について把握しておくことが，計算鑑定人には必要である。具体的には，下記の点である。

- 業務フローがどのようになっているか。
- 業務フローが有効に機能するために実際にどのような管理帳簿や会計帳簿が作成されているか。

- コンピュータシステムが適切かつ有効に機能しているか。
- 計算鑑定が実施できるだけの信頼性が社内の文書にあるか。
- どのような文書に依拠すれば計算鑑定が効果的・効率的に行えるか。
- 社内の文書に依拠した場合どのようなリスクが生じるか。

(3) 個別企業に対する柔軟な対応

計算鑑定は，所定のマニュアルに従って機械的に行えるものではない。当該会社の状況に応じて柔軟に対応しなければならない。柔軟な対応は，実務で多種多様な企業の会計サービスや監査サービスに従事した者が適任と言える。

(4) 中立性

当事者のいずれかによって鑑定申請がなされた場合，計算鑑定人の選任は裁判所が行う。計算鑑定人は，既に述べたように，裁判官の判断能力を補充する役割を果たすことになる。したがって，計算鑑定人は，当事者に対しては中立でなければならない。いずれかに偏った鑑定業務を行い，結果を裁判所に報告した場合，裁判官は中立な判断を下すことができないことになる。

(5) 守秘義務

計算鑑定の過程で，特許発明の内容だけでなく，当事者の相手方からは知りえない情報も入手することになる。上記の会計システム，コンピュータシステム，業務フロー，取引先，取引条件，具体的な個々の取引内容と会計処理等，計算鑑定で入手した資料の取扱いや計算鑑定書での記載に際しては，十分な配慮が必要である。

3 計算鑑定業務の制約及び限界

計算鑑定業務には制約や限界がある。下記のような制約や限界があることは，鑑定業務に際して認識しておく必要がある。

第3部　計算鑑定業務

(1) 時間的制約

計算鑑定は，時間的制約のもとで行われる。具体的には，当事者の経営管理環境，業務内容と業務フロー及び会計システムについて完全には知り得ない状況で計算鑑定業務を行わなければならない。また，紛争解決の迅速化を図らなければならず，鑑定報酬も概ね初期段階で決められているため，鑑定業務を完全に実施できるだけの十分な時間が与えられていない場合がある。

(2) 限定的情報

権利者も侵害者も自分に不利な状況を自分自身で裁判所や鑑定人に情報提供することはない。その点で鑑定対象会社の状況について知り尽くしたうえでの鑑定ではない。ヒアリングなどを通して知り得た情報をもとに鑑定を行わなければならない。ある文書の存在を予め知っていれば鑑定も効果的・効率的であったとしても，それが鑑定対象会社にとって不利益となるものであれば，鑑定対象会社が自発的にそういった文書の存在を認めない可能性もある。

鑑定作業は，鑑定対象会社の対応に左右される。質問に対して的確に回答を得られれば鑑定も効率的に進められるが，対応する者の資質や意図的な判断のもとで，回答があいまいなものであれば，限定された情報しか得られないことになる。

さらに，会計システムは，損害額を算定するために構築されたものではない。日常の業務を前提としているため，例えば月別，得意先別，営業担当者別の売上金額が，既存の会計システムで把握可能でも，鑑定事項が「侵害品である製品番号〇〇〇の侵害期間における出荷数量」であった場合，その会計システムからは鑑定事項の出荷数量を把握できない可能性もある。このような場合，保管されている出荷伝票等から集計することになるのである。

(3) 特許発明の内容等に関する知識

損害論は，侵害したことがほぼ確定していることが前提である。さらに，侵害品も確定していなければならない。当事者の間で十分な議論が詰められてい

ない場合，侵害品の範囲が不明瞭な状態で計算鑑定が行われなければならない。鑑定の過程で，「こういった技術的特徴があるからこの製品は侵害品ではない」と鑑定対象会社に主張されても，鑑定人としては独自の判断で鑑定を進めることができないのである。

(4) 鑑定対象会社による隠蔽や非協力

ソフトウエアによっては，コンピュータ出力の文書に関して，出力する項目を自由に選択できる。一定期間の出荷一覧を出力したい場合，「出荷先顧客コード」と「出荷先名称」のうち後者を出力項目から除くことができる。出荷品についても「出荷製品コード」と「出荷製品名」のうちの後者の出力をしないことができる。出力された出荷一覧には出荷日，出荷数量，出荷金額，顧客コード，出荷製品コードといった数字だけがリストされることになる。このように出力形式を意識的に操作することで，計算鑑定の作業効率に多大な影響が生じる。

会計帳簿の裏づけを取るために，証憑書類の閲覧を依頼しても，それが隠蔽されると，損害額の算定が困難になる。そういった場合，経営者からヒアリングを行うことになるが，不正確な陳述があった場合，計算鑑定に重大な影響を与えることになる。

計算鑑定人に対して不当に露骨な非協力の態度があった場合，裁判所や代理人から是正の要求がある。しかし，誠意をもって協力はしたいが，「記憶がない」，「資料がない」，「調べるのに時間がかかる」あるいは「家庭や仕事の事情で対応する時間を割けない」といった態度の場合，現状のもとで業務を進めなければならず，鑑定の効率に重大な影響を及ぼすことになる。

(5) 計算鑑定に対する申請会社の過大な期待

計算鑑定を申請した側は，鑑定対象会社の協力のもとで，十分な時間を使って真実の情報を得て，迅速かつ円滑に作業が進んでいることを期待している。その鑑定結果は，自身が予定した結果に近似すると期待している。

第3部　計算鑑定業務

計算鑑定は，当事者に中立な立場で行わなければならない。鑑定業務を実施した結果，申請会社の期待と反することも考えられる。

4　計算鑑定業務における対応

計算鑑定は，様々な制約のもとで実施しなければならない。具体的な対応として想定されるのは，下記の点である。後述する計算鑑定業務フローの中でも，比較的初期段階，多くの場合は裁判所による選任前，つまり計算鑑定人候補者の段階で以下の(1)～(4)を実施することになる。

(1)　計算鑑定上の前提事項の記載

計算鑑定は，裁判所から指定される事項について実施される。裁判所から指定された事項は，鑑定申請をした当事者の鑑定事項に基づいている。その内容は事案によって異なる。計算鑑定人は，記載された鑑定事項について計算鑑定書をとりまとめて報告する。鑑定申請した当事者の主張も事案によって異なり，したがって，想定される鑑定事項は様々である。

鑑定申請を行った当事者にとっては有意な鑑定事項であっても，実施の困難なものや実施が著しく効率的ではないものもある。その場合，民事訴訟規則第129条の2により，裁判所や当事者とその点の協議を行う機会がある。

民事訴訟規則

（鑑定のために必要な事項についての協議）

第129条の2　裁判所は，口頭弁論若しくは弁論準備手続の期日又は進行協議期日において，鑑定事項の内容，鑑定に必要な資料その他鑑定のために必要な事項について，当事者及び鑑定人と協議をすることができる。書面による準備手続においても，同様とする。

協議によって鑑定事項を明確にしなければならない。この場合でも，実施の可能性や実施の効率性で疑義が残る場合がある。その場合には，裁判所及び当事者との事前協議の上，鑑定上の前提事項を鑑定事項に付記してもらうことが

望まれる。その際には，想定される前提事項は下記のとおりである。すでに述べたとおり，計算鑑定業務には制約や限界があることを十分に認識した上で，前提事項について慎重に協議をすることになる。
- 計算鑑定に使用する文書の範囲を限定する旨
- 使用する文書の真実性・正確性・網羅性についての検証は，完全ではなく限定的に実施するに止めることができる旨
- 実施する手続きについて限定する旨
- 実施できない手続きに対しては代替的な手続きが許容される旨

(2) **当事者への確認**

入手した主張書面や書証から判断して，計算鑑定の実施に必要でありながら，実施前に確定していなければならないにもかかわらず十分な検討のなされていない事項に関して，裁判所を通じて当事者に確認を行う必要がある。例としては次のような事項である。
- 侵害している特許発明を用いた侵害品の範囲が不明確な場合
- 書証で提出された内容が不明瞭な場合
- 主張する内容や損害に関する事項が不明瞭な場合

損害額算定における利益概念の相違（総利益概念，粗利益概念，限界利益概念など）は，概念の差異に関する主張であるため，特に当事者への確認は不要であると考えられるが，事実に関する差異は，計算鑑定が開始されるまでに解決していなければならない事項である。

当事者の主張は，侵害論にその多くの時間が割かれ，損害論に関する両当事者の検討が不十分な中で，計算鑑定人が申請される場合がある。このような場合，上記のような不明確，不明瞭な点については，当事者への確認が必要となる。この場合，裁判所を通じての内容確認ということになる。

(3) **裁判所との協議**

計算鑑定を実施してみて鑑定対象会社の態様によっては，作業の効率性や正

確な計算鑑定の結果を導き出す上で大きな障害が生じる可能性がある。この場合，裁判所への経過報告を通じてこれらの点を指摘し，裁判所から当事者の代理人を通じて，適切で協力的な対応を強く要請する必要がある。

鑑定対象会社の下記のような対応に対しては特に注意を要する。
- 明らかな非協力的な対応
- 暴力，恫喝，誹謗等の言動
- 依頼に対する遅延行為
- 明らかに虚偽の言動や書類の提出
- 業務フローから判断して存在するはずの証憑書類の提出拒否

(4) 計算鑑定書への記載

計算鑑定書には，鑑定事項を明記する。その際に，上記鑑定上の前提条件及び当事者に確認した事実について記載をする。

裁判を通じて，損害額算定に関して当事者の主張が準備書面を通じてなされる。計算鑑定は，鑑定事項について鑑定対象会社から必要データを入手し計算を行うのが本来の目的であるが，計算鑑定の初期段階で，当事者の主張を比較・分析しておく必要がある。

両当事者は，鑑定結果が自分の主張している点に近似することを期待している。そうでなかった場合，計算鑑定に対して厳しい批判を行うことになる。計算鑑定書は，両当事者の主張に対して個々に回答することや，期待と鑑定結果の乖離について記述することを直接の目的とはしていない。しかし，計算鑑定を通じて，直接・間接的にその点について記述しておくことも必要になる場合がある。

第2節　計算鑑定業務の概要

1　計算鑑定業務フロー

　計算鑑定業務のフローは，図表8－1のとおりである。計算鑑定業務は，業務フローの中でも特に初期段階が重要である。

(1)　裁判所からの打診

　計算鑑定人の選任は，当事者が行うのではなく，裁判所が行う。日本公認会計士協会の地域会から計算鑑定人名簿が裁判所に提出されている。名簿に記載されている公認会計士は，協会の所定の研修を受けており，自ら名簿記載を申し出た者である。裁判所は，その中から計算鑑定人候補者を選任し，公認会計士本人に電話で打診する。打診の内容は，事件の概要，当事者との利害関係，計算鑑定を受ける意思があるかといった点である。

(2)　裁判所からの説明

　電話での打診後，鑑定人候補者として応じることになった場合，裁判所を訪問し，具体的な事件の概要等を確認する。権利者，侵害者の提出した準備書面や書証も裁判所内で閲覧ができる。また，裁判の進行状況等についても質問ができる。
　権利者，侵害者の提出した準備書面や書証の閲覧をしながら，下記の点をその場で判断しなければならない。
- 損害額算定に当たって何が争点になっているか。
- 鑑定の対象となる事項として何を鑑定申請会社が申し立てているか（鑑定対象製品，鑑定対象期間等）。
- 鑑定対象会社の裁判の過程での対応はどうか。
- なぜ計算鑑定の申立に至ったのか。鑑定対象会社の提出している書類のどこに疑義があったのか。

177

第3部　計算鑑定業務

- 現時点で閲覧できる書証に対する心証はどうか。
- 計算鑑定を実施する際に想定される障害は何か。
- 計算鑑定を申し立てた当事者に過剰な期待がないか。あるとしたらどの点か。
- 以上を踏まえて鑑定事項は，鑑定可能か。

(3) 計算鑑定人候補者からの意見聴取

裁判所が計算鑑定人を選任する前に，計算鑑定人候補者から意見を聴取し，当事者にその内容を伝える。その結果によっては，鑑定の申立を取り下げる可能性もある。聴取する意見とは，下記の内容である。

- 候補者として計算鑑定を受けることが可能か否か
- 鑑定事項を実施した場合に要する時間と日数
- 計算鑑定書の提出時期
- 鑑定事項を計算鑑定するのに要する鑑定料

裁判所を訪問した際に，事件の概要を聞きながら必要書類を閲覧し，計算鑑定で実施すべき手続をイメージする。そこから，鑑定の実施時間と鑑定料を判断しなければならないのである。

(4) 計算鑑定の制約等の調整

計算鑑定業務の制約や限界については既述したとおりである。それに対応するためには，計算鑑定上の前提事項の記載，当事者への確認，裁判所との協議，計算鑑定書への記載の四つを提案した。特に前三点については，計算鑑定業務フローの中の侵害者調査の前までに調整を図ることが望まれる。

第8章 公認会計士による計算鑑定業務

図表8-1 計算鑑定業務フロー

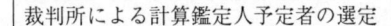

```
┌─────────────────────────────────────────────────────────┐
│ 裁判所による計算鑑定人予定者の選定                          │
└─────────────────────────────────────────────────────────┘
                          ↓
┌─────────────────────────────────────────────────────────┐
│ 裁判所から公認会計士への選任に関する打診                    │
└─────────────────────────────────────────────────────────┘
                          ↓
┌─────────────────────────────────────────────────────────┐
│ 裁判所からの説明                                          │
│ （計算鑑定人は選任前に権利者及び侵害者と接触することはない。）│
│   ● 事件の概要                                            │
│   ● 侵害者の状況                                          │
│   ● 当該業界の状況                                        │
│   ● 計算鑑定の目的                                        │
│   ● 計算鑑定にあたっての注意点                            │
│   ● 計算鑑定事項                                          │
│   ● 計算鑑定目標（いつまでにどのような計算鑑定書を作成するか）│
│   ● 費用と時間の概算見積                                  │
└─────────────────────────────────────────────────────────┘
                          ↓
┌─────────────────────────────────────────────────────────┐
│ 計算鑑定人を引き受ける旨の連絡と今後の具体的な打合せ        │
└─────────────────────────────────────────────────────────┘
                          ↓
┌─────────────────────────────────────────────────────────┐
│ 裁判所による計算鑑定人の選任                              │
└─────────────────────────────────────────────────────────┘
                          ↓
┌─────────────────────────────────────────────────────────┐
│ 侵害者調査（計算鑑定予備調査）の実施                       │
│ （権利者，その代理人，侵害者，その代理人，経理担当者に引き合 │
│ わされる。侵害者側との事情聴取及び訪問日時などの打合せを行う。）│
│ 予備調査として下記の概要について聴取をする。                │
│   ● 営業・業務状況                                        │
│   ● 経営管理組織に関する状況                              │
│   ● 経理システムの状況                                    │
│   ● 関連会社等の状況                                      │
│   ● 侵害品に関する情報                                    │
│   ● 侵害品に関する取引フロー（仕入，製造，保管，販売）     │
│   ● 侵害品に関する業務フロー（書類作成，承認，経理処理，支払・回収）│
└─────────────────────────────────────────────────────────┘
                          ↓
┌─────────────────────────────────────────────────────────┐
│ 裁判所への連絡                                            │
│   ● 時間と費用の当初見積もりからの修正                    │
│   ● 計算鑑定のスケジュール策定                            │
└─────────────────────────────────────────────────────────┘
                          ↓
```

第3部　計算鑑定業務

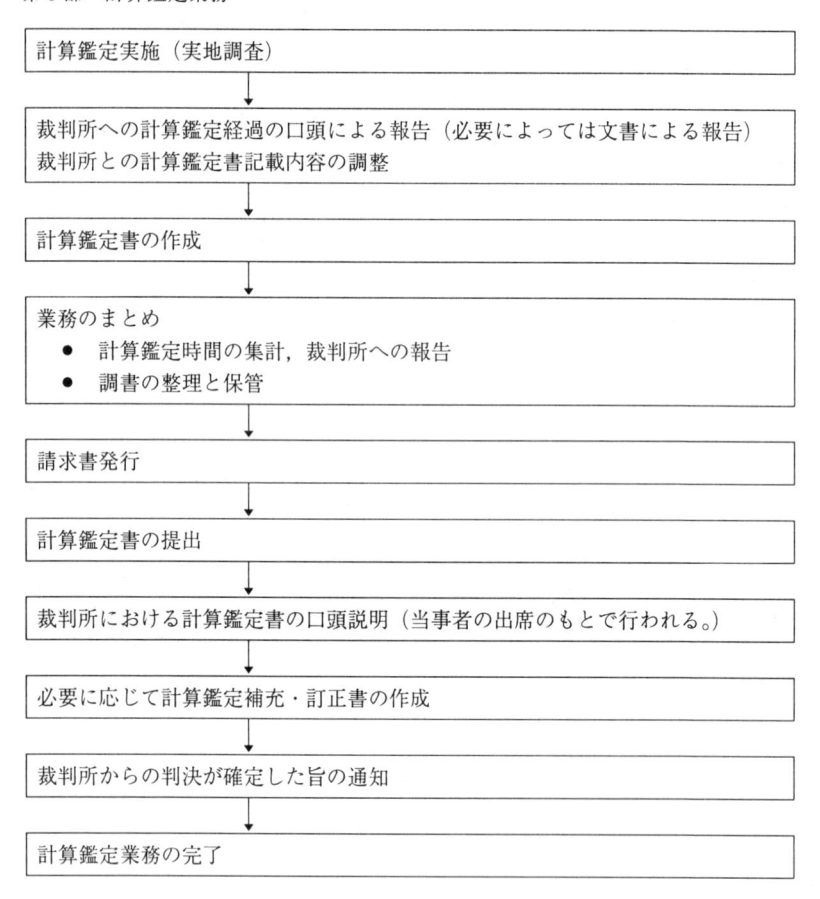

```
┌─────────────────────────────────────────────────────────┐
│ 計算鑑定実施（実地調査）                                │
└─────────────────────────────────────────────────────────┘
                          ↓
┌─────────────────────────────────────────────────────────┐
│ 裁判所への計算鑑定経過の口頭による報告（必要によっては文書による報告）│
│ 裁判所との計算鑑定書記載内容の調整                      │
└─────────────────────────────────────────────────────────┘
                          ↓
┌─────────────────────────────────────────────────────────┐
│ 計算鑑定書の作成                                        │
└─────────────────────────────────────────────────────────┘
                          ↓
┌─────────────────────────────────────────────────────────┐
│ 業務のまとめ                                            │
│   ● 計算鑑定時間の集計，裁判所への報告                  │
│   ● 調書の整理と保管                                    │
└─────────────────────────────────────────────────────────┘
                          ↓
┌─────────────────────────────────────────────────────────┐
│ 請求書発行                                              │
└─────────────────────────────────────────────────────────┘
                          ↓
┌─────────────────────────────────────────────────────────┐
│ 計算鑑定書の提出                                        │
└─────────────────────────────────────────────────────────┘
                          ↓
┌─────────────────────────────────────────────────────────┐
│ 裁判所における計算鑑定書の口頭説明（当事者の出席のもとで行われる。）│
└─────────────────────────────────────────────────────────┘
                          ↓
┌─────────────────────────────────────────────────────────┐
│ 必要に応じて計算鑑定補充・訂正書の作成                  │
└─────────────────────────────────────────────────────────┘
                          ↓
┌─────────────────────────────────────────────────────────┐
│ 裁判所からの判決が確定した旨の通知                      │
└─────────────────────────────────────────────────────────┘
                          ↓
┌─────────────────────────────────────────────────────────┐
│ 計算鑑定業務の完了                                      │
└─────────────────────────────────────────────────────────┘
```

2　鑑定事項

　計算鑑定が必要と判断した当事者は，計算鑑定すべき事項を明記した上で鑑定の申出を裁判所に対して行う。民事訴訟規則第129条からも分かるとおり鑑定事項は当事者から提出される。裁判所を通じて計算鑑定人は書面でそれを受け取る。一方的に当事者から鑑定事項が指定されるのではなく，裁判所と当事者との間で協議される。場合によっては，計算鑑定人（この段階では候補者）や当事者の相手方も交えて協議が行われる。

第8章 公認会計士による計算鑑定業務

事件によって鑑定事項はさまざまであると考えられるが，概ね次のとおりである。

① 侵害品の譲渡数量
② 侵害品の譲渡数量及び販売単価
③ 侵害品の譲渡数量及びその利益額
④ ある特定の控除対象費用

上記のように，鑑定事項は，鑑定申立てを行った当事者から，裁判所を通じて計算鑑定人に一方的に提示されることはなく，その鑑定事項が実施可能かの打診が裁判所から計算鑑定人に図られる。一旦鑑定事項が確定されると，鑑定途中での内容変更は困難である。そのため，計算鑑定人としては，下記の点を慎重に検討する必要がある。

① 計算鑑定対象期間は妥当か。
② 鑑定事項は，実施可能なものか。
③ 対象期間において計算鑑定に必要な書類は容易に入手できるか。
④ 計算鑑定の対象（製品，製品番号その他）は，明確になっているか。
⑤ あらかじめ前提事項を設ける必要がないか。
⑥ 計算過程，計算手法，使用する書類等について協議し，鑑定事項に記載する必要がないか。

民事訴訟規則

第129条

1 鑑定の申出をするときは，同時に，鑑定を求める事項を記載した書面を提出しなければならない。ただし，やむを得ない事由があるときは，裁判長の定める期間内に提出すれば足りる。

2 前項の申出をする当事者は，同項の書面について直送をしなければならない。

3 相手方は，第一項の書面について意見があるときは，意見を記載した書面を裁判所に提出しなければならない。

第3部 計算鑑定業務

> 4 裁判所は，第一項の書面に基づき，前項の意見も考慮して，鑑定事項を定める。この場合においては，鑑定事項を記載した書面を鑑定人に送付しなければならない。

3 計算鑑定人の選任

裁判所から計算鑑定人候補者として選任されたのち，両当事者から特に不適当との指摘がない場合，計算鑑定人として選任される。選任されると下図のような決定書が作成され計算鑑定人候補者に送付される。

図表8－2　計算鑑定人の決定書

```
平成××年（×）第×××号

                    決    定

                        原　告　　X 株式会社
                        被　告　　Y 株式会社
1  原告の平成××年××月××日付け鑑定申立てを採用する。
2  鑑定人として，
        住　所　東京都××区
        氏　名　A
    を指定する。
3  上記鑑定人に対し，別紙記載の事項について鑑定し，その結果を平成××年××月××日までに書面をもって報告することを命ずる。

    平成××年××月××日

                        東京地方裁判所民事第××部
                            裁判長裁判官　　××　×××
                            裁　判　官　　××　×××
                            裁　判　官　　××　×××
```

出所：日本公認会計士協会（2004）199頁

第8章　公認会計士による計算鑑定業務

鑑定事項は，決定書の別紙として下図の記載内容が添付され，計算鑑定人に送付される。

図表8－3　計算鑑定事項

鑑　定　事　項

平成×年×月×日から平成×年×月×日までの間に被告Y株式会社が製造・販売した商品名「××××」の販売数量，売上高，経費及び利益率

以　上

出所：日本公認会計士協会（2004）200頁

> **民事訴訟規則**
> 第131条
> 1　宣誓書には，良心に従って誠実に鑑定をすることを誓う旨を記載しなければならない。
> 2　鑑定人の宣誓は，宣誓書を裁判所に提出する方式によってもさせることができる。この場合における裁判長による宣誓の趣旨の説明及び虚偽鑑定の罰の告知は，これらの事項を記載した書面を鑑定人に送付する方法によって行う。

また，一般的には裁判所において下図のような宣誓書に署名・押印することになる。これは単なる形式的な書類ではなく，計算鑑定人の責任にも関係する重要なものであることに留意する必要がある。

第3部　計算鑑定業務

図表 8 − 4 　宣誓書

宣　　誓
（せん　　せい）

良心（りょうしん）に従（したが）って誠実（せいじつ）に鑑定（かんてい）することを誓（ちか）います。

なお，鑑定人が虚偽の鑑定をした場合の罰として虚偽鑑定罪（刑法171条）の規定が設けられています。

鑑定人　　　　　　　　　　　印

出所：日本公認会計士協会（2004）201頁

4　裁判所との関係

計算鑑定業務の全体を適正に方向付けるためには，業務の初期段階が重要である。計算鑑定人マニュアルの「計算鑑定における損害額計算指針，1．損害額計算における一般的留意事項」には，次のように記載されている。

> (2)　裁判所，権利者及び侵害者との関係
> ①　計算鑑定においては，科目別取扱要領といったあらゆる損害額計算に利用可能な詳細なマニュアルはない。調査対象会社の社内体制や協力関係によって業務の遂行が左右されやすい。こういった状況で事件ごとに対応するためには，公認会計士の経験や専門的知識が重要になるが，さらに裁判所との緊密な連絡や協議も重要であることに留意しなければならない。
> ②　計算鑑定の過程で，判断や見積及び一定の仮定に基づく概算計算が行われる場合がある。裁判所，権利者及び侵害者に対して適切に対応できるよう，意見形成過程と結論を計算鑑定調書に記述しなければならない。

第8章　公認会計士による計算鑑定業務

計算鑑定人マニュアルには、「裁判所との緊密な連絡や協議」とある。計算鑑定人に選任される前後の初期段階と計算鑑定の実施段階及び報告段階に分けて、具体的な連絡や協議の内容を列挙すると下表のようになる。

図表8－5　裁判所との連絡や協議例

段　階	連　絡　や　協　議　例
初期段階	計算鑑定事項の実施可能性や制約条件についての協議 計算鑑定上の前提事項についての協議 計算鑑定に要する時間や日数についての連絡 計算鑑定料についての連絡 計算鑑定の実施計画についての概要連絡
実施段階	鑑定対象会社において実施上の障害除去に関する要請 当該事件における利益概念に関する協議 判断や見積及び一定の仮定に基づく概算計算が行われる場合の対応に関する協議
報告段階	計算鑑定書草案の内容についての協議（記載内容の不明瞭な点の指摘など） 鑑定人質問に関する対応 補充書提出に関する対応

5　計算鑑定人の責任

(1)　裁判所に対する義務

　計算鑑定人は、選任及び報告について、裁判所に対して義務を負うことになる。計算鑑定人に選任された場合、業務を遂行する義務を負う。割が合わないからといって途中でキャンセルすることは許されない。また、裁判所の決定書の中には、計算鑑定書の提出期限が記載されている。計算鑑定人は、提出期限までに鑑定書を提出する義務がある。

(2)　虚偽鑑定

　虚偽の鑑定とは、鑑定人が自己の知識・経験に反する事実を述べることをいう。計算鑑定人が宣誓しながら虚偽の鑑定を行った場合、刑法第171条により3月以上10年以下の懲役となる。

刑　　法

（偽証）

第169条　法律により宣誓した証人が虚偽の陳述をしたときは、3月以上10年以下の懲役に処する。

（自白による刑の減免）

第170条　省略

（虚偽鑑定等）

第171条　法律により宣誓した鑑定人、通訳人又は翻訳人が虚偽の鑑定、通訳又は翻訳をしたときは、前2条の例による。

---

(3) 国家賠償責任

　国家賠償法第1条にいう「公務員」とは、通説では、官吏・公吏のほか、すべての国又は公共団体のために公権力を行使する権限を委託された者をいう。公務員の資格がなく、臨時的・一時的であっても、また、給与・報酬の有無も問わない。

　しかし、個人が鑑定という公務を依託されたときの公務員性については説が分かれる。

　裁判所に計算鑑定書を提出する行為は、個人として行うものである。しかし、その立場は、裁判所の指揮監督を受けて公権力を行使するのではなく、裁判所とは独立した専門家としての意見を述べているにすぎない。この点で、計算鑑定書を裁判所に提出する行為は、国家賠償法第1条の公権力行使には該当せず、計算鑑定人は、同条にいう公務員には該当をしないと解することができる。

(4) 当事者に対する債務不履行責任

　権利者及び侵害者に対しては、何らの契約関係も成立していない。そのため、直接的に義務や責任は負わないことから、企業と契約関係にある公認会計士のような契約債務不履行責任は負うことはない。

(5) 当事者に対する不法行為責任

民法第709条では「故意又ハ過失ニ因リテ他人ノ権利ヲ侵害シタル者ハ之ニ因リテ生シタル損害ヲ賠償スル責ニ任ス」、いわゆる不法行為責任を規定している。不法行為責任は、故意または過失があること、それによって他人の権利を侵害したこと、損害が発生し、加害行為と損害との間に因果関係が認められることの三つの要件が成立する場合に、不法行為責任が成立する。

計算鑑定人は、この不法行為責任を例外的にしか負わないと解される。もし、計算鑑定人が誠実に行った計算鑑定に対して容易に不法行為責任を負わされると、鑑定人に広汎な損害賠償義務を負わせることは、確定済みの訴訟の蒸し返しを容易に認めることになる点、権利者・侵害者双方は、制度上当該訴訟での攻撃防御によるのみならず、上訴・再審によって、鑑定過誤を是正する機会を有しているためである。

以上の理由で、故意・重過失によって事実と異なる計算鑑定を出した場合を除いて、一般的には鑑定内容に過誤があることを理由にする損害賠償請求は否定される。ただし、計算鑑定人の鑑定が著しく不当な方法で実施された場合や鑑定作業の過程が違法なものである場合、例外的に不法行為責任を負うことがある。配慮しなければならないのは下記のとおりです。

- 公正中立を疑わせる行為があった場合
    - 例1　侵害者を訪問して計算鑑定作業を行った際に飲食、贈答品の授受等特別な関係を疑わせるような行為があった場合
    - 例2　守秘義務に違反して権利者又は侵害者の情報を漏洩した場合
- 他人の権利（財産権等）を侵害する行為があった場合
    - 例1　上記守秘義務違反で当該会社に損害が生じた場合
    - 例2　侵害者を訪問して鑑定を行っていた際にＯＡ機器等を毀損した場合
    - 例3　同じく資料原本をたばこ等で燃やした場合
    - 例4　預かった資料原本を自己の故意・過失によって紛失した場合

民事訴訟法
（鑑定人質問）

第215条の2 裁判所は，鑑定人に口頭で意見を述べさせる場合には，鑑定人が意見の陳述をした後に，鑑定人に対し質問をすることができる。

2　前項の質問は，裁判長，その鑑定の申出をした当事者，他の当事者の順序でする。

3　裁判長は，適当と認めるときは，当事者の意見を聴いて，前項の順序を変更することができる。

4　当事者が前項の規定による変更について異議を述べたときは，裁判所は，決定で，その異議について裁判をする。

民事訴訟規則
（質問の制限・法第215条の2）

第132条の4　鑑定人に対する質問は，鑑定人の意見の内容を明瞭にし，又はその根拠を確認するために必要な事項について行うものとする。

2　質問は，できる限り，具体的にしなければならない。

3　当事者は，次に掲げる質問をしてはならない。ただし，第二号及び第三号に掲げる質問については，正当な理由がある場合は，この限りでない。

　一　鑑定人を侮辱し，又は困惑させる質問
　二　誘導質問
　三　既にした質問と重複する質問
　四　第1項に規定する事項に関係のない質問

4　裁判長は，質問が前項の規定に違反するものであると認めるときは，申立てにより又は職権で，これを制限することができる。

第3節　計算鑑定上の個別検討課題

1　侵害者の業務フロー検討

　既述のように，損害額の算定あるいは推定において，特許法第102条第1項ないし第3項はいずれも侵害者による侵害品の譲渡数量を基礎としている。この情報は，侵害者から提供される情報である。ここで提供情報の信頼性評価が問題になる。特に留意しなければならないのは，侵害品譲渡数量の網羅性である。つまり，侵害者からすべての譲渡数量が提供されるかということである。

　計算鑑定人を選任しない限り，他者の審査を介することなく，侵害者から一方的に裁判所及び権利者に対して，譲渡数量に関する情報が提供されるだけである。これを妥当と判断するためには，情報の信頼性評価と数量の網羅性検証が必要である。その評価と検証の手続は，裁判の提起以前及び裁判の過程を通じて下記のように実施する。

(1)　侵害者グループの把握

　侵害者が単独で侵害を行うような単純なケースは別として，多くの場合，製造会社，販売会社，資金提供者等が密接な関係をもって侵害が行われる。侵害が単独で行われていたことが結果としてわかったとしても，計算鑑定の初期段階では，単独と決めつけず，広く人的，資本的，物的関係を把握する必要がある。

　多くの場合，当事者の主張書面でその概要は明らかになっているが，侵害行為の全体像が明確になっていない場合がある。権利者側としても完全なかたちで侵害行為を究明できていない場合が多いからである。侵害者グループを把握するのは，それ以降の計算鑑定作業を有効かつ効率的に進める上で重要である。

　ここでいうグループとは，侵害に直接関与している関係者に限定するのではなく，また，当初から侵害を意図していたかに関係なく，広く取引関係者を把握することを目的とするものである。その関係とは，下記をいう。

第3部　計算鑑定業務

- 取引関係：購買関係，販売関係，委託関係等
- 資本関係：支配株主関係，親子会社関係，孫会社関係，持合関係等
- 同族関係：経営者同士の親族関係
- 融資関係：資金の貸借関係
- 人的関係：役員兼務関係，管理職兼務関係，人員派遣関係

(2) **通常の業務フロー全般の把握**

　侵害者グループ間及び侵害者内部での通常の業務フローを把握する。上記(1)で入手した情報をもとに，業務フロー表を描いてみる。描くことで，起こりうる侵害関係を予想することができる。その簡単な例を示したのが，図表8－6である[2]。

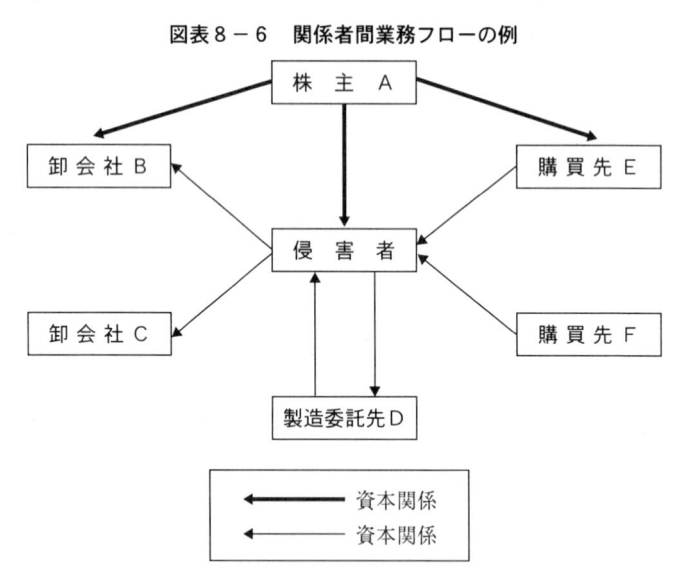

図表8－6　関係者間業務フローの例

　この例の場合，侵害者と卸会社B及び購買先Eは，株主が同一である。この株主の出資割合が低く，経営に対する関与の度合いが低いものであれば問題にならないが，そうでない場合，この例では，購買先E，侵害者及び卸会社Bの業務フローに特に注意を要することになる。

第8章 公認会計士による計算鑑定業務

業務フローの把握は，侵害者内部に及ぶ。社内の業務フローを把握することは，侵害者提供情報の信頼性評価に重要となる。その例を示したのが，図表8－7である[3]。

通常公認会計士が会計監査の際に行っている内部統制システムの評価と同様の手続きを実施することになる。

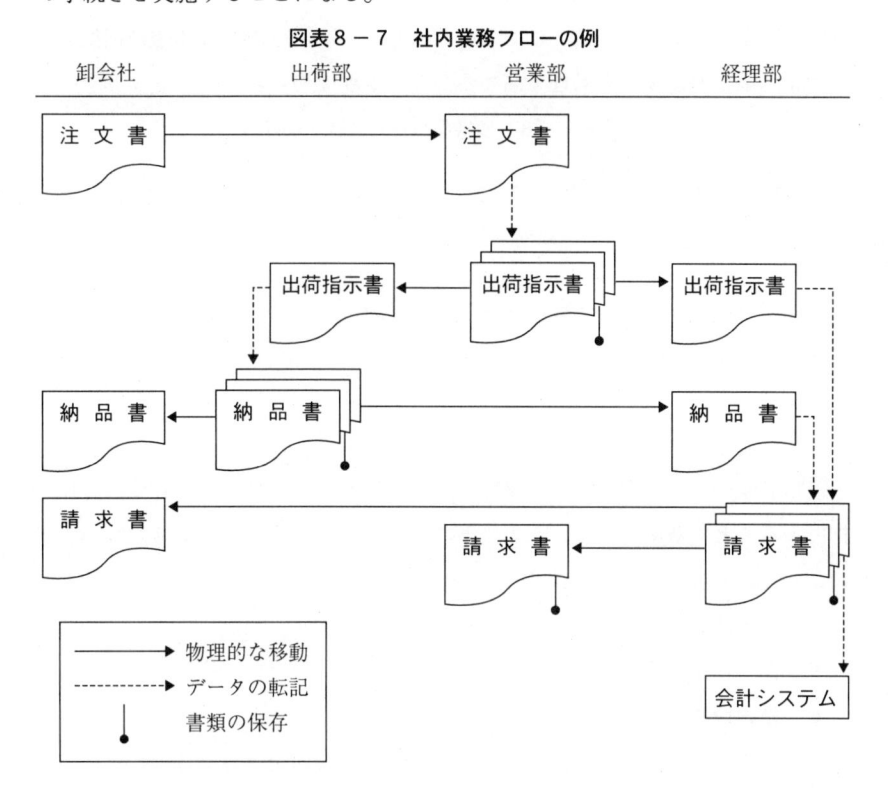

図表8－7　社内業務フローの例

卸会社	出荷部	営業部	経理部

（図：注文書・出荷指示書・納品書・請求書の各部署間の物理的な移動，データの転記，書類の保存の流れ。最終的に経理部の請求書から会計システムへデータが転記される。）

凡例：
→ 物理的な移動
┄┄→ データの転記
● 書類の保存

描かれた業務フロー表をもとに，提供を受けた譲渡数量情報の信頼性を初期段階で評価する。信頼性に問題があった場合，検証のためにフローに示されたどの書類と照合すべきかを判断する。

業務フローは，モノの流れ，書類の流れ，資金の流れ等多面的に把握することになる。

(3) 侵害品ルートの解明

先に作成した通常の業務フローを基礎に侵害品ルートを解明する。調査の結果、購買先E、侵害者及び卸会社Bの流れが、侵害品ルートであったと判明した場合、図表8－8のような業務フローが描かれる[4]。

当事者の主張書面の中で、侵害品のルートがある程度解明されている場合が多い。実際の計算鑑定作業では、この取引ルートを詳細かつ具体的に把握することで、業務の効率を有効性を高めることが重要である。

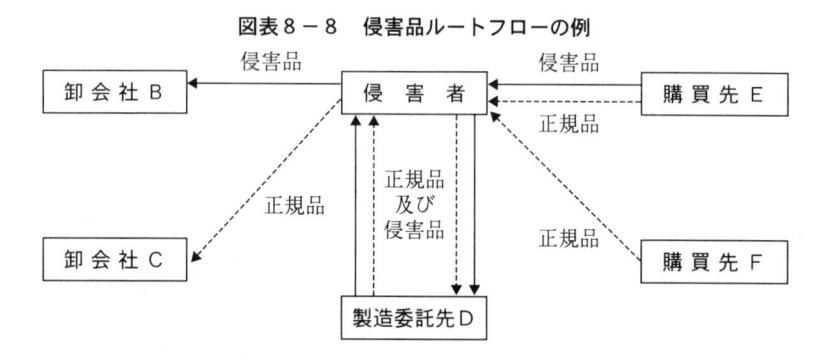

図表8－8　侵害品ルートフローの例

```
           侵害品              侵害品
卸会社B ←──── 侵 害 者 ←──── 購買先E
                ↑↓↑↓          正規品
                │ │
        正規品  正規品
                 及び
                侵害品
                ↑↓↑↓
卸会社C ←──── 製造委託先D ────→ 購買先F
         正規品              正規品
```

侵害品ルートの業務フローもまた、モノの流れ、書類の流れ、資金の流れを把握することで解明される。この段階では鑑定事項によって以下の内容が明確になっている。

- 侵害関係者
- 侵　害　品
- 侵害期間

これまでの過程で、侵害関係者、侵害品及び侵害期間が特定されれば、侵害者の業務フローで、どの情報を入手すれば網羅性を確保できるか検討する。図表8－8の中で、仮に製造委託先Dが訴外であり今回の侵害問題に関与していないのであれば、そこから入手できる侵害品の受託製造数量は、譲渡数量の網羅性確保の重要な情報となるのである。

図表8－7の社内業務フローからは、卸会社からの注文書、出荷部で保存されている出荷指示書や納品書控えもまた、譲渡数量の網羅性確保の重要な情報

第8章　公認会計士による計算鑑定業務

となる。また，卸会社Bが，顧客に出荷した際の関係書類も重要である。

権利者が一連の調査の結果から，卸会社B，侵害者及び購買先Eを侵害関係者と認識している場合，卸会社Bから得られる情報の信頼性は低いと考えるべきである。卸会社Bは侵害行為に関与しておらず，侵害者単独であったとしても，同一株主関係であることを考慮すると，卸会社Bから得られる情報の信頼性はやはり低い。これらの場合，製造委託先Dからの情報が重要となる。

網羅性確保は，侵害関係者の把握，通常の業務フローの把握，侵害品ルートの解明を通じて，INとOUTの関係からの調査が効果的である。つまり，これらには「INの数量＝OUTの数量」の関係が成り立ち，OUT側である侵害品の譲渡数量は，INの数量と大きな乖離がないということである。

すべての侵害品が購買先Eから仕入れられたあと，すべて製造委託先Dで製造され，その後侵害者に納められた後卸会社Bに出荷される場合，侵害者から提供される譲渡数量情報は，製造委託先Dが侵害者に出荷した数量と乖離がないはずである。この関係を検証することで，侵害者からの情報の信頼性を評価することができる。

図表8－9　侵害品譲渡数量のINとOUTの関係例

```
                    OUT
  ┌─────────┐ ◄──────────── ┌─────────┐
  │ 卸会社B  │              │ 侵害者  │
  └─────────┘              └─────────┘
                                 ▲
                                 │ IN
                                 │
                            ┌─────────┐
                            │製造委託先D│
                            └─────────┘
```

```
INの数量＝OUTの数量
（これが成立する前提）
  購買先Eへの返品が正しく把握されていること
  卸会社Bからの返品が正しく把握されていること
  製造委託先Dの歩留率が高いこと
  侵害者保管在庫が著しく減耗しないこと
  侵害者が無償出荷など非通例的な取引を把握していること
```

厳密には，侵害者及び製造委託先Dに原材料在庫や製品在庫がある。また，購買先Eへの返品，製造委託先Dでの歩留まり，侵害者での在庫の減耗や廃棄が行われているため，INとOUTに差異は生じるが，譲渡数量の網羅性の検証には有効である[5]。

2　侵害品譲渡数量検証

(1)　侵害期間（鑑定対象期間）と対象侵害品（鑑定対象品）の確定

　計算鑑定作業前には鑑定対象期間と鑑定対象品は，鑑定事項によって明確になっている。権利者は全ての侵害品を把握できているわけではない。また，侵害者も自主的に全ての侵害品リストを提出しているわけでもない可能性もある。

　鑑定対象期間の製品リストを入手し，鑑定対象品の確認を行う。長い侵害期間において，同じタイプの製品でも製品番号や製品名が変わっている場合がある。また，顧客向け製品カタログでの製品番号や製品名と社内業務処理用のそれらが異なる場合もある。侵害品の譲渡数量を集計する前にこの点の確認作業が重要となる。

　この作業を通じて，鑑定事項に記載された鑑定対象品以外に対象となると思われる製品があった場合，計算鑑定人として単独で判断するのではなく，裁判所を通じて権利者及び侵害者の同意を得ておく必要がある。

(2)　主張書面の分析

　侵害品の譲渡数量に関して，権利者，侵害者が主張書面で主張を行っている。これをあらかじめ分析しておく必要がある。特に権利者は，一定の推定や仮定のもとで侵害品の譲渡数量を推定している。場合によっては，侵害者から既に書証として提出されている資料に基づいて，譲渡数量を把握している。

　計算鑑定人は，権利者の推定や仮定あるいは権利者の主張する譲渡数量に影響されるものではないが，計算鑑定の結果と権利者との主張とに大きな乖離があった場合，権利者は鑑定結果に対して批判を加えることが予想される。

　計算鑑定の比較的初期段階で主張書面を分析することで，鑑定方針や鑑定作

業と当事者との差異を予め把握しておく必要がある。例えば権利者の主張書面の場合，次の点を把握しておく必要がある。
- 権利者が把握している侵害品の譲渡数量はいくらか。
- どのようにして譲渡数量を把握したか。
- どのような推定を行っているか。
- どのような仮定を用いているか。
- 譲渡数量の把握し用いている資料は信頼性が高いか。
- 侵害者の主張に対してどのような批判を行っているか。
- 侵害者の提出している文書に対してどのような不信を抱いているか。

(3) 業務フローと必要書類

図表8－7のような社内業務フローを，ヒアリングをもとに作成し，そこから譲渡数量の集計に必要な書類を選択することになる。限られた鑑定期間に，正確な数量集計を行う上で，どの書類が必要か判断しなければならない。

譲渡数量の集計に必要な書類だけでなく，その正確さを裏付けるのに有効な書類も同時に選定する必要がある。極力一つの書類だけで譲渡数量を集計するのではなく，複数の書類で検証することが望まれる。

書類選択に必要な判断基準は，下記の点である。
- 実在性：侵害品を譲渡したという取引の事実を確かめることができること。
- 正確性：譲渡数量の記載数量が正確であることが確かめられること。
- 適時性：侵害期間での譲渡であることが確かめられること。

(4) 計算鑑定上のリスクと網羅性の判断

上記の侵害品譲渡の実在性，正確性及び適時性について確かめられる書類を選択するのは比較的容易な場合が多い。しかし，譲渡数量の網羅性については，それを裏付ける書類を選択するのが困難な場合が多い。これが計算鑑定上のリスクである。侵害品の譲渡を秘匿している可能性がある。権利侵害とは別に脱

税のために書類等を仮装隠ぺいしている可能性もある。また，意図的に書類を破棄していることも考えられる。

こういった網羅性の問題を解決することは極めて困難であるが，計算鑑定の過程を通じて，下記の点を総合的に検討する必要である。

- 関係者間の業務フロー
- 侵害品ルート
- 侵害品譲渡数量のINとOUTの関係
- 権利者の主張書面に記述された侵害品譲渡数量に関する主張内容

3　侵害品譲渡金額検討と会計データの信頼性・有用性検討

(1)　鑑定対象会社の会計システムの信頼性

譲渡数量と同様，譲渡金額についても会計システムの信頼性に依拠する部分が大きい。鑑定業務を行う期間には時間的な制約があるため，会計システムや会計データの信頼性について十分な時間を割くことが困難なことが予想される。

果たして鑑定対象会社の会計システムや会計データは信頼できるのか，また，計算鑑定に利用するのに有用かの判断のためには，以下の点から総合的に判断する必要がある。

- 社内業務フローを検討し，不正が発生しやすいシステムになっていないか判断する。
- フローに沿って実際の書類を入手し，不正や誤謬が生じる可能性がないか判断する。
- ヒアリングをもとに作成したフローに基づいて書類が作成され，保管されているか調査をする。
- これまでに社内不正が生じていなかったかヒアリングを行う。
- これまで税務調査で重大な指摘事項がないかヒアリングを行う。

(2)　譲渡単価

侵害品の譲渡金額は，「譲渡数量×譲渡単価（売上単価）」というかたちに分解

ができる。会計上は売上高に相当するものであるが，二つの計算要素に分けて，譲渡単価の推移や比較を行うことによって，特殊な取引条件や取引形態などを把握することが可能である。

(3) 他科目計上の可能性

侵害品の譲渡金額としても，損益計算書の売上高に限定することは禁物である。入手した損益計算書について他科目に侵害品譲渡が含まれていないか，慎重に調査する必要がある。無償出荷，代替出荷，サンプル出荷など，さまざまな形態で侵害品が譲渡されている可能性を考慮する必要がある。

4 控除対象費用と相当因果関係の判断

控除対象費用は，侵害行為と損害との因果関係である相当因果関係という概念から判断することになる。この場合，以下の点を慎重に判断する必要がある。

- 会計的な変動費，固定費の概念に固執しない。
- 会計制度や原価計算制度は月次，年次を基準とするが，計算鑑定では侵害期間を基準とするということを念頭において鑑定を行う。侵害期間が長期であれば，会計上の変動費，固定費区分が採用できない場合も生じる。
- 鑑定対象会社が侵害者の場合，控除対象費用を広く主張することが想定されるが，計算鑑定人としては，中立的な立場で判断する。
- 控除対象費用と判断した理由については，明確に記述しておく必要がある。
- 控除対象費用と判断した理由については，経過報告を通じて裁判所と協議する必要がある。

第4節　計算鑑定の報告

1　当事者に対する確認事項

　計算鑑定の過程で，当事者に確認が必要な場合，口頭ではなく文書で行うことが望まれる。その際の書式として，図表8－10がある。当事者に対して直接確認を行うのでなく，裁判所を通して確認する必要がある。裁判所や当事者から，直接確認しても問題がない旨の了承があれば，裁判所を通すことなく直接当事者に確認することになる。

図表8－10　当事者への確認様式

計算鑑定に当たっての確認事項

平成　年　月　日

○○裁判所民事第○○部
裁判官　○○　○○様

計算鑑定人
公認会計士　○○　○○

　計算鑑定の準備のために，現時点で入手している文書を調査したところ，下記の内容に関して確認すべき事項があります。

文　書	（甲準備書面，乙準備書面，甲第××号証，乙第××号証）
作成日付	平成　年　月　日
記述内容	
当職の確認事項	

2　経過報告

　計算鑑定人に選任されて計算鑑定書が裁判所に提出されるまで，3か月，場合によっては6か月，1年を要することも予想される。その過程で当初予期し得なかった事態が生じることも想定される。円滑に計算鑑定を行う上で，裁判

第8章　公認会計士による計算鑑定業務

図表8－11　裁判所への経過報告様式

経 過 報 告 書

平成　年　月　日

○○裁判所民事○○部
裁判官　○○　○○様

計算鑑定人
公認会計士　○○　○○

　特許法第105条の2に基づく計算鑑定作業の経過について下記のとおりご報告いたします。

事件番号	平成　年（　）第　　　号
事件名	事件
調査対象者	
調査日時	平成　年　月　日 午前　時　分より午後　時　分
調査場所	
調査実施者	
調査内容	
その他 （問題点・裁判所に確認の必要な事項など）	

出所：日本公認会計士協会（2004）216頁

所との意思疎通を図ることが重要である。計算鑑定書が完成するまでの期間，数回に分けて経過報告を行うことが望まれる。その書式が図表8－11である。

3　計算鑑定書

　計算鑑定の作業のまとめとして，計算鑑定書を作成する。計算鑑定書作成上の注意点を要約すると，以下のとおりである。

(1) 用紙はＡ４判のものを用い横書きで，左側に最低３ｃｍの余白を残す。
(2) 手書きよりもパソコン・ワープロを使用して作成する方が望ましい。
(3) 各ページのヘッダーには，必ず事件番号を付すこと。例えば，「平成××年（×）第×　××号」となる。
(4) 標題は，「計算鑑定書」となる。
(5) 標題の次行右に作成年月日を記載する。
(6) 提出先は裁判所であるので，あて先は，例えば，「東京地方裁判所民事第××部御中」　となる。
(7) 作成者名記載欄には，「計算鑑定人　公認会計士　××　××（氏名）㊞」と記載し押印をする。
(8) 本書では，「権利者」，「侵害者」という表現を使用しているが，計算鑑定書記載に際しては，裁判所からの決定通知書その他鑑定資料で使用されている「原告」，「被告」という呼称で記述する。

計算鑑定書の基本構成を示すと，図表8－12のとおりである。

第8章 公認会計士による計算鑑定業務

図表8-12 計算鑑定書の基本構成

前　　　　　段
● 事件番号 ● 提出日付 ● 宛　　先 ● 計算鑑定人名
結　果　要　約
● 計算鑑定事項 ● 前提とする事項 ● 計算鑑定結果
計算鑑定方針等
● 計算鑑定における鑑定方針 ● 計算鑑定資料 ● 実施した手続 ● 計算鑑定に当たって判断や見積及び一定の仮定に基づく概算計算が含まれている科目・項目と取扱
鑑定事項計算書
● 計　算　書 ● 計算書明細 ● 科目や手続に関する注記・特記事項
補足的説明事項
● 手続上の制約 ● 使用している用語 ● 参考文献

4　補充・訂正書

　計算鑑定書は，裁判所，両当事者に提出される。鑑定人としての業務はそこで終了するわけではない。当事者はその計算鑑定書を読んだ上で，主張書面を裁判所に提出する。裁判所は，計算鑑定書及び主張書面を参考に損害額を判断することになる。

　提出された計算鑑定書に対して，当事者から反論が主張書面で提出された際，これに対して，計算鑑定書の補足・補充あるいは訂正を目的に，裁判所から補

充・訂正書の提出を要請される場合がある。

民事訴訟規則

（鑑定人に更に意見を求める事項・法第215条）

第132条の2　法第215条（鑑定人の陳述の方式等）第2項の申立てをするときは，同時に，鑑定人に更に意見を求める事項を記載した書面を提出しなければならない。ただし，やむを得ない事由があるときは，裁判長の定める期間内に提出すれば足りる。

2　裁判所は，職権で鑑定人に更に意見を述べさせるときは，当事者に対し，あらかじめ，鑑定人に更に意見を求める事項を記載した書面を提出させることができる。

3　前2項の書面を提出する当事者は，これらの書面について直送をしなければならない。

4　相手方は，第1項又は第2項の書面について意見があるときは，意見を記載した書面を裁判所に提出しなければならない。

5　裁判所は，第1項又は第2項の書面の内容及び前項の意見を考慮して，鑑定人に更に意見を求める事項を定める。この場合においては，当該事項を記載した書面を鑑定人に送付しなければならない。

（注）
1）　特許庁（1998）「特許侵害に対する救済措置の拡充について（資料2）」
2）　坂上信一郎他（2006）「知的資産経営」同文舘出版，202頁
3）　坂上信一郎他（2006）「知的資産経営」同文舘出版，204頁
4）　坂上信一郎他（2006）「知的資産経営」同文舘出版，204頁
5）　坂上信一郎他（2006）「知的資産経営」同文舘出版，205頁

（図表の出所）
日本公認会計士協会編（2004）「知的財産紛争の損害額計算実務」第一法規

第4部
その他の紛争処理会計業務

第9章　職務発明の対価の算定

　近年，職務発明の対価に関する裁判が多くあり，特に巨額な対価の額が示された事件があったことから，世間の耳目を集めたところである。そのなかで監査法人が対価の算定に関して意見書を提出している裁判があったことからわかるように，職務発明の対価の算定は極めて会計的な局面であるといえる。

　周知のとおり，平成16年特許法改正で，特許法第35条の改正も行われて，平成17年4月1日から施行されているところである。新第35条がどのように解釈されていくのかは今後の課題であろうが，改正法施行以前の発明については旧第35条が適用されること，新第35条においても算定方法の合理性について争いとなる可能性があることから，旧第35条を踏まえて職務発明対価の算定方法に関して検討していく必要があろうかと考えられる。また，後述のとおり新第35条で手続き面が重視されるとしても，社内的に合意された算定基準に合理性があることが，訴訟リスク回避のために重要であろう。

　そこで本章では，職務発明とは何であるのかを整理した後，過去の判例・裁判例から職務発明の対価の算定方法を検討する。次節で説明するように，職務発明を特許法上でどのように位置づけるのかについては議論のあるところであり，このことが対価の算定方法に対して影響を与えると考えられる。しかしながら，本章ではこのような法律論には深入りせずに，過去の判例・裁判例から抽出される算定方法を概観し，この算出方法について会計的な側面から課題を整理したい[1]）。

第4部　その他の紛争処理会計業務

第1節　職務発明の意義と相当の対価の考え方

　職務発明とは，従業者等が「その性質上当該使用者等の業務範囲に属し，かつ，その発明をするに至った行為がその使用者等における従業者等の現在又は過去の職務に属する発明」(特許法第35条第1項)をいう。特許法第35条では，特許を受ける権利は従業者等にあるものと解され，使用者等は当該職務発明について特許を受けたときに，その特許権について通常実施権（同法第78条第1項）を取得するものとされている。

　そして，職務発明については，契約，就業規則その他の定めによって，使用者等に特許を受ける権利もしくは特許権を承継させ，または使用者等に専用実施権を設定することができ（同法第78条第2項の反対解釈），この場合には，使用者等は従業者等に相当の対価を支払うものとされている（同法第78条第3項）。

　ここまでのポイントは次の三点である。すなわち，
① 　特許を受ける権利は，従業者に帰属する。
② 　使用者は通常実施権を取得することに加え，就業規則等により権利を承継することができる。
③ 　使用者が権利を承継する場合には，従業者に相当の対価を支払う。

　わが国の特許法では，特許を受ける権利または特許権は，当該発明を生み出した発明者が原始的に取得すると定められているのであるから(同法第29条)，発明者である従業者にその権利が帰属するのは当然である，と考えることもできるのであるが，実はこの点について議論があるところなのである[2]。すなわち，権利を従業者に帰属させている一方で，就業規則等でその権利を一方的に使用者が取得できるとすることをどのように考えるのか，という別の疑問が発生してくるからである。

　この点については，例えば次のように，政策的な判断によって，使用者に権利を帰属させていると解釈できるようである。

　「特許法35条が最終的な落ち着き先として,使用者に特許権が帰属すること

第9章　職務発明の対価の算定

になってもかまわない，というよりはむしろそのほうが望ましいと考えている理由は，技術革新が進んだ現代社会では，組織体である企業に発明への投資のインセンティブを与えないことには，発明の促進を実現することができないという政策判断に基づいているのであろう。」[3]（田村善之・山本敬三編（2005），p.29）

　解釈論はどうあれ，発明者である従業者に権利が帰属したうえで，就業規則等で使用者がその権利を承継する場合には，従業者に相当の対価を支払うこととされている。それでは，この相当の対価はどのような性質をもつものなのであろうか。すなわち，職務の対価としての給与なのか，それとも権利の譲渡の対価なのであろうか。

　この点については，「従業者の職務は，（それが特許に値する発明となるか否かはともかくとして）技術を完成させるところにあるにとどまり，それ以上に，当該技術に関する特許を会社に帰属させることまで含まない」とし，「従業者が取得する特許を受ける権利は，職務とは別個の問題であり，雇用契約に定められたものではない」（田村善之・山本敬三編（2005），p.29）として，この「相当の対価」は，賃金としての性格を有するものではなく，雇用契約とは別個に権利を承継する対価であると解釈されるようである。

　上記の結論は，税務上の取扱いから確認することもできる。税法は一般的に通説的な解釈に基づいて判断しているものと考えられるが，所得税法基本通達では，下記のとおり，相当の対価を受けた個人は，その所得を基本的に譲渡所得として取り扱うこととしている。

所得税基本通達23〜35共－1（使用人等の発明等に係る報奨金等）

(1)　業務上有益な発明，考案又は創作をした者が当該発明，考案又は創作に係る特許を受ける権利，実用新案登録を受ける権利若しくは意匠登録を受ける権利又は特許権，実用新案権若しくは意匠権を使用者に承継させたことにより支払を受けるもの……これらの権利の承継に際し一時に支払を受けるものは譲渡所得，これらの権利を承継させた後

> において支払を受けるものは雑所得

　また，職務発明の権利の承継を受けた使用者の取扱いとして，消費税法上は課税仕入れとしており（消費税法基本通達11－2－4　使用人等の発明等に係る報奨金等の支給），不課税取引である給与とは取り扱っていないことから，消費税法上も権利の譲渡の対価として扱うことを前提としているのであろう。

　以上の検討から，通説的には「相当の対価」は権利の譲渡の対価であると考えられているようである。それでは，この対価は具体的にどのように算定するのであろうか。実は，法律上は特許法第35条第3項で相当の対価を支払うよう定めているが，続く第4項および第5項で下記のような定めを設けているのみで，具体的な算定方法を指示していない。この点は，前述の第6章で紹介した特許法第102条等における損害賠償額の算定とは異なるところである。

> 第4項　契約，勤務規則その他の定めにおいて前項の対価について定める場合には，対価を決定するための基準の策定に際して使用者等と従業者との間で行われる協議の状況，策定された当該基準の開示の状況，対価の額の算定について行われる従業者等からの意見の聴取の状況等を考慮して，その定めたところにより対価を支払うことが不合理と認められるものであってはならない。

> 第5項　前項の対価についての定めがない場合又はその定めたところにより対価を支払うことが同項の規定により不合理と認められる場合には，第3項の対価の額は，<u>その発明により使用者等が受けるべき利益の額</u>，その発明に関連して使用者等が行う負担，貢献及び従業者等の処遇その他の事項を考慮して定めなければならない。」（下線部：筆者）

　上記第5項の条文からわかるように，相当の対価の算定については，まず「その発明により使用者等が受けるべき利益の額」（上記下線部）が出発点となるようである。それでは，この使用者が受ける利益とはどのようなものなのか。

通説では使用者が当該発明を自己実施することによって得た利益のすべてではない，とされている。すなわち，前述したように使用者は職務発明に対して通常実施権を取得している（特許法第35条第1項）のであるから，無償で職務発明を実施することができる。ただし，このままの状態では使用者は他者による実施を防ぐことはできない。そこで，使用者は従業者から権利を譲り受けて対価を支払うのであるから，使用者にとって通常実施権を取得した段階と権利を承継した段階との相違は，権利の承継後，独占的に当該発明を使用者が実施できることにあると考えられる。

　したがって，第5項における使用者が受けるべき利益は，権利の承継による独占によって他人の実施を排除することができたことによる利益，「発明の実施を排他的に独占しうる地位による利益」(田村善之・山本敬三編 (2005), p.24) と考えられている。これは一般に「独占の利益」と称されている。

　それでは，この独占の利益を具体的にどのように算定するのか。この点について，経済学的なアプローチも加味しながら検討している研究もあるが[4]，次節では，これまでの判例・裁判例の分析の結果からみた算定方法について概説する。

第4部　その他の紛争処理会計業務

第2節　職務発明の対価の算定方法

以下，裁判例の分析に基づいた相当の対価の算定方法を概説するが，日本公認会計士協会の研究成果[5]に基づいて解説する。当報告書では，14の判決を分析している[6]。

分析した判決によると，相当の対価の算定方法としては，使用者自らが発明を実施する自社実施型と，他社に発明をライセンス提供しライセンス料を受ける他社実施型とに分類できる。そして，それぞれおおむね以下のような算定式になる（算定方法の骨子を示すために，報告書の算定式を若干簡略化している）。

(1) 自社実施型

相当の対価＝（超過売上高×仮定的実施料率）× 発明者貢献度

(2) 他社実施型

相当の対価＝実施料× 発明者貢献度

ここで右辺の前半の部分（「超過売上高×仮定的実施料率」および「実施料」）は，特許法第35条第5項の「その発明により使用者等が受けるべき利益」に，また後半の発明者貢献度は，同条同項の「その発明がされるについて使用者等が貢献した程度」に該当している。

上記式に関していくつか解説するが，まず超過売上高とは，使用者が独占したことによって得た超過売上高であり，使用者が当該発明を実施したことによって得た売上高と，他社に実施を許諾したと仮定した場合に想定される売上高との差額として求められる。前者の使用者が当該発明を実施したことによって得た売上高は，権利取得によって独占による排他権を行使した結果得ることができた売上高であり，後者の他社に実施を許諾したと仮定した場合に想定される売上高は，使用者が特許法第35条第1項に基づき通常実施権を取得した状態で権利の承継を受けず，他社の当該特許利用による市場参入があった場合に見込まれる売上高である。

なお，裁判例によっては超過売上高を，実際の売上高に，第三者に実施許諾

第9章　職務発明の対価の算定

したら当該第三者が売り上げたであろう割合を乗じて算出している場合もある。

　仮定的実施料率とは，当該発明の実施を第三者に許諾すると仮定した場合の実施料率をいう。また，発明者貢献度とは，当該発明がされるについて発明者が貢献した程度のことをいう。

　上記式をみて一見してわかることは，自社実施型であろうが，他社実施型であろうが，両者ともに「その発明により使用者等が受ける利益」を実施料という形で算定していることである。すなわち，第6章で詳説したように，特許法等の損害賠償額算定に際しては，実施料相当額のほか，権利者の逸失利益や侵害者の不当利得相当額を算定していたのであるが，職務発明対価の算定に関するこれまでの裁判では，自社実施型についても，使用者等が受ける利益を実施料として算定し，使用者等の当該特許利用による損益の状況は考慮されていない。

　上記の算定をより詳細に検討してみよう。上記の算定式は二つの段階に分けることができる。すなわち，まずその発明により使用者等が受けるべき利益を算定し，次にその発明がされるについて使用者等が貢献した程度を考慮する段階である。これを図示すると以下のようになる（日本公認会計士協会（2007）p. 53）。

(1) 算定の第一段階：その発明により使用者等が受けるべき利益の算定

図表9-1

① 自社実施型

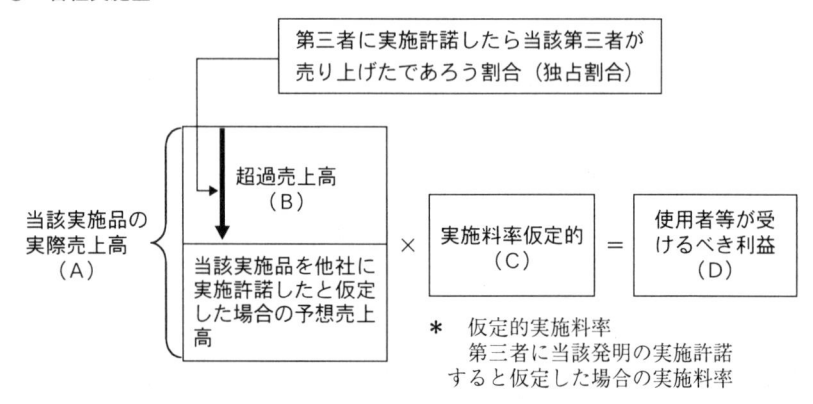

```
                          ┌──────────────────────────────┐
                          │ 第三者に実施許諾したら当該第三者が │
                          │ 売り上げたであろう割合（独占割合）│
                          └──────────────────────────────┘
                                    │
                          ┌─────────▼────────┐
                          │   超過売上高       │
                          │    （B）          │
  当該実施品の  ┤         ├───────────────────┤   ×   実施料率仮定的  ＝  使用者等が受
  実際売上高              │ 当該実施品を他社に │        （C）              けるべき利益
   （A）                  │ 実施許諾したと仮定│                           （D）
                          │ した場合の予想売上│
                          │ 高                │
                          └───────────────────┘

                    *  仮定的実施料率
                       第三者に当該発明の実施許諾
                       すると仮定した場合の実施料率
```

② 他社実施型

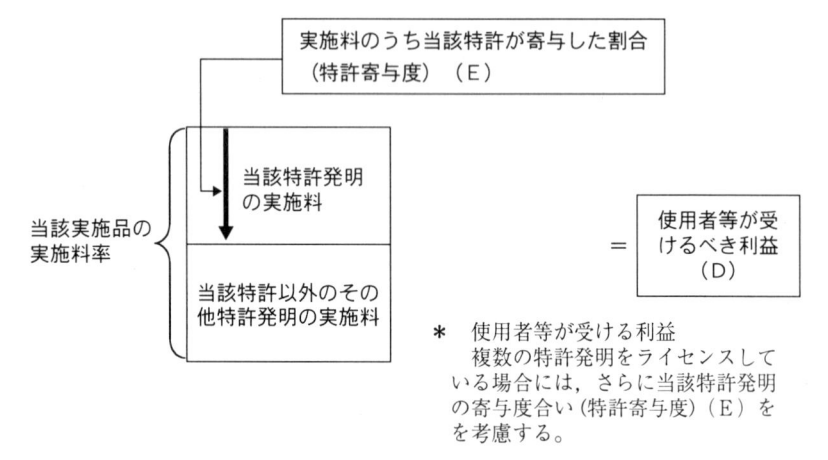

```
                          ┌──────────────────────────────┐
                          │ 実施料のうち当該特許が寄与した割合│
                          │  （特許寄与度）（E）           │
                          └──────────────────────────────┘
                                    │
                          ┌─────────▼────────┐
                          │ 当該特許発明      │
                          │ の実施料         │
  当該実施品の  ┤         ├───────────────────┤   ＝   使用者等が受
  実施料率                │ 当該特許以外のその│        けるべき利益
                          │ 他特許発明の実施料│        （D）
                          └───────────────────┘

                    *  使用者等が受ける利益
                       複数の特許発明をライセンスして
                       いる場合には，さらに当該特許発明
                       の寄与度合い（特許寄与度）（E）を
                       を考慮する。
```

　算定の第一段階では，自社実施型，他社実施型ともに「その発明により使用者等が受けるべき利益」（独占の利益）を算定する。

　自社実施型の場合には，対象期間中の実際売上高に「第三者に実施許諾をしたら当該第三者が売り上げたであろう割合」（独占割合）を乗じて超過売上高を算出し，これに仮定的実施料率を乗じて，独占の利益を算出する。

第9章　職務発明の対価の算定

　独占割合はマーケット内で他社にも当該特許を開放して競争した場合に，どれだけ他社に売上をとられるのか（どれだけ売上を失うのか）を示しており，これを実際の売上高に乗じて，独占によってもたらされた超過的な売上高を導出している。

　この点を若干検討してみたいのであるが，使用者は現実の世界では独占を享受している。このときの売上高はP×Qとなる。ここで他社が参入してきた仮定の世界を考えてみよう。他者が参入してくるのであるから，当然，当該使用者の需要曲線は下方へ移動するであろうが（D→D′），市場参入者の代替品があることから，需要の価格弾力性（需要曲線の傾き）も変動するであろう。もともと独占状態では高い価格を享受していたであろうから，競争状態になった場合，価格が大きく下落することが考えられる（P→P′）。そして，独占状態から競争状態へ移行したことによって，当該使用者の限界収入曲線も移動する（MR→MR′）。この結果，当該使用者にとっては，当該特許を利用した製品の単価と

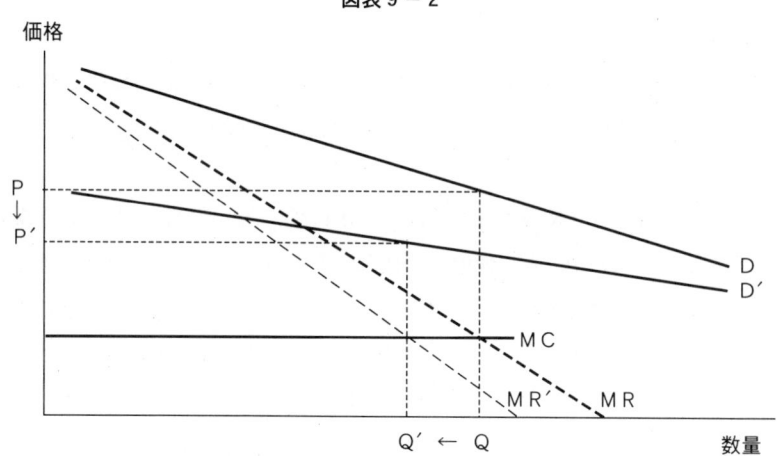

図表9－2

D　：使用者の現実の需要曲線
D′：競合他社が参入してきた場合の需要曲線
MC　：使用者の限界費用曲線
MR　：使用者の現実の限界収入曲線
MR′：使用者の競合他社参入後の限界収入曲線

販売数量の両者が下落するであろう（P→P′およびQ→Q′）。したがって，仮定の世界での当該使用者の売上高（P′×Q′）を推計するためには，当該使用者の需要曲線，限界収入曲線，限界費用曲線を推計しなければならないと考えられる（前頁図では限界費用曲線MCは一定と仮定している）。

ところで，上記の自社実施型の算定式では，実際売上高に独占割合を乗じて超過売上高を算定しているのであるが，過去の裁判例のなかで，独占状態と他社参入の状態を比較して，価格と数量両者の変動をどこまで考慮して割合を設定しているのかは定かではない。

そして，この超過売上高に，第三者に当該発明の実施許諾をすると仮定した場合の実施料率を乗じて独占の利益を算出するのである。自社実施であるので，第6章で詳述した特許法第102条第1項の損害賠償額算定における権利侵害による権利者の逸失利益を算定する場合のように，当該使用者の原価（率）から直接，超過売上高からもたらされた利益を算定できるとも考えられるが，過去の裁判例では実施料率を乗ずる方法が採用されている。

この結果，自社実施の場合でも，第三者に実施許諾したと仮定した場合の実施料額として独占の利益が算定されるのであるが，このような算定によれば，使用者の経営能力の良し悪しによる影響(特に経営が稚拙なことによる悪い影響)は排除できるであろう。

ただし，そもそも「使用者等が受けるべき利益」を，どのような目的で算定しようとしていたのか。仮に使用者の独占による利益を発明者と分け合うという発想であれば，使用者が当該製品を販売することによって得られた超過利益額を算定する必要があろう。しかし，ここでは最終的に権利譲渡の対価を算定しようとしているのであるから，使用者の損益の状況を勘案する必要はなく，独占によってマーケットから超過的に収受できる実施料を用いることの方が妥当だとも考えられる。

なお，発明の権利の譲渡対価を算定しようとしているのであるから，当該発明の貢献分のみを抽出する必要がある。実際の売上高は，発明の貢献のみで実現されたのではなく，使用者の製造能力，販売能力，ブランドなどといった使

第9章　職務発明の対価の算定

用者の経営の総合力によって実現されたものである。しかしながら，上記の式においては明示的に示されていない。下記の論点5で指摘するように，このような点は超過売上高算定の段階で，独占の割合を算出する際に合わせて考慮している点に留意する必要がある。

一方，他社実施型の場合には，他社に実施許諾をしたことにより得られる実施料額が独占の利益となる。ただし，複数の特許が実施許諾されている場合には，当該特許の寄与度を乗じて独占の利益を算定している。

(2) 算定の第二段階：その発明がされるについて使用者等が貢献した程度

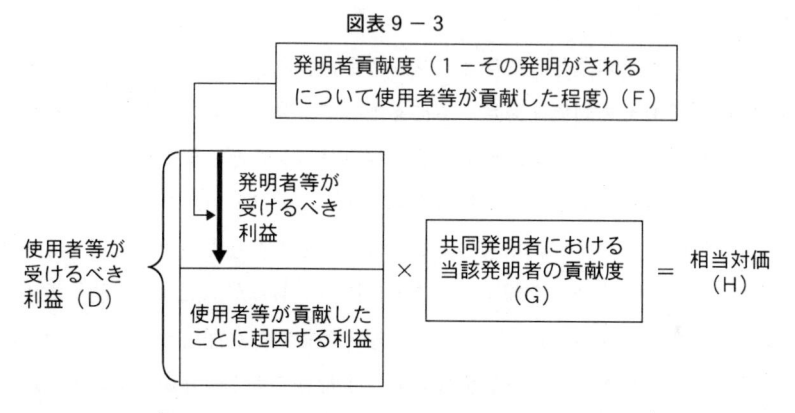

図表9－3

発明者貢献度（1－その発明がされるについて使用者等が貢献した程度）（F）

使用者等が受けるべき利益（D） ｛ 発明者等が受けるべき利益 / 使用者等が貢献したことに起因する利益 ｝ × 共同発明者における当該発明者の貢献度（G） ＝ 相当対価（H）

算定の第二段階では，「その発明がされるについて使用者等が貢献した程度」を算定し，第一段階で算定された独占の利益に発明者貢献度（1－使用者貢献度）を乗じて相当の対価を算定する。当該発明について，複数の発明者がいる場合には(共同発明)，各発明者には発明に対する貢献度に応じて相当の対価を分配することになる。

第3節　職務発明対価の算定方法に関する会計的な論点整理

　以上，これまでの裁判例の分析から職務発明の対価の算定方法を紹介したが，会計上，いくつかの論点がある。日本公認会計士協会研究報告書では11の論点に整理しているので（日本公認会計士協会（2007），pp.64－79），以下，これに沿って検討したい。なお，以下では各論点の要点を示しており，判決文の引用を含めた詳細な説明については当研究報告書を参照願いたい。

(1) 算定時点と事業化等に伴うリスクの取扱いについて

　論点1　そもそも対価を算定するにあたって，算定時点をいつとすべきか？
　　　　算定に当たっては，事業化等に伴うリスクをどこまで考慮すべきか？
　　　　加えて算定手法にＤＣＦ法を利用することは妥当か？

　まず裁判例では，権利の承継の時点では，将来の不確実性から使用者等が将来得ることができる利益を算定することは困難であるが，これを権利承継後に実際に受けた利益から算定することは，過去の裁判例が採用しており，合理的な算定方法の一つとしている。すなわち，現時点ですでに分かっている実績に基づいて算定することを認めている。

　それでは，権利承継時点に立ち戻り，その時点でのリスクを評価したうえで割引キャッシュ・フロー法を適用することの妥当性についてはどうか。この点については，裁判例では「その発明により使用者等が受けるべき利益の額」および「その発明がされるについて使用者等が貢献した程度」を考慮した手法かどうか疑問があるとしている。

　すなわち，過去の裁判例では，相当の対価を，権利承継時点での譲渡対価として（この点は前述の第35条の解釈に整合している），権利承継後の実績に基づいて算定しているものと考えられる。

　ここで問題点を二つあげることができる。ひとつは①このような算定方法を

前提とした場合，他の方法を採用している使用者については，算定の合理性の有無についてどのように判断されるのかという点であり，もう一つは②そもそも権利承継後の実績に基づく算定方法が妥当なのかという点である。

まず前者①の点であるが，使用者が払う相当の対価の算定方法としては，上記のような方法のほかに，実績報奨型，研究能力評価型等が考えられるが，これは個々の企業の戦略によって適切な算定方法が選択されるべきものであると考えられる。一方で過去の裁判例では，実績に基づく譲渡対価型の算定方法が採用されており，他の算定方法を採用している企業にとっては，果たして合理的な方法であると認められるのか否か明確になっていない。

後者②の点であるが，一般的に，事業計画等からキャッシュ・フローが合理的に予測できる事業価値については，割引キャッシュ・フロー法（DCF法）が利用される場合が多い。まず，このDCF法が採用されない理由が明確でない。また，DCF法ではさまざまなリスク（投資リスク，事業化リスク，資金調達リスクなど）を考慮するのであるが，裁判例でみられる計算過程のなかで，これらが考慮されているのか，考慮されているとした場合，どの計算要素でどのように考慮されているのか明確ではないという問題点がある。

(2) 実施品の売上高・実施料売上高の集計について

論点2　我が国特許法で保護されない売上高（又は実施料）についても，集計の範囲に含めるのか？

この点については，次のように判示されている。
① 海外特許を取得していない輸出売上高は，国内での製造で独占的実施による利益を享受したといえるから，当該輸出売上高も集計に含める。
② 外国出願された特許については，第35条が雇用契約上の利害関係を図る強行法規であり，使用者と従業者が属するわが国の産業政策に基づき決定された日本法が適用されるのであるから，外国出願特許でも独占の利益が認められれば第35条の対象になるとされている。
③ 特許出願せずノウハウとして秘匿された発明については，特許するか否

かは使用者の意思決定に属する事柄であり、発明者の貢献とは関係ないことであるから、このようなノウハウも第35条の対象になるとされている。

> 論点3　売上高（又は実施料）として集計される期間はどうあるべきか？

売上集計の開始のタイミングとしては、特段の事情がなければ、権利の承継の時点からとなる。

一方、集計の終了のタイミングは、将来にわたって独占の利益をもたらすことが想定されていれば、権利存続の時点まで考慮して集計される。

> 論点4　将来（裁判時点以後）の売上高（又は実施料）の予想はどうあるべきか？
> また、現在価値の引直しはどうあるべきか？

将来の売上高の予想は、市場の動向、技術の動向、生産能力等を勘案して決定すべきと考えられるが、裁判例によって、これらが逓増あるいは逓減すると予想するものもあれば、大きな不確実性が伴うことから毎期一定額の売上高を予想するものもある。

また、割引率であるが、分母の売上高にリスクが考慮されていればリスク・フリーレートを、そうでなければリスクを加味した割引率を適用すべきであるが、上記のようにリスクをどこで考慮しているのか明確ではないため、適用されている割引率の妥当性を判断できない。

(3) 超過売上高について

> 論点5　自社実施の場合に、超過売上高はどのように算出されるのか？

超過売上高は前述のとおり、通常実施権として他社に許諾したと仮定した場合の売上高と実際の売上高との差として算定される。したがって、たとえば他社が同程度以上の発明等をなして、かつ製造販売能力が当社の能力を補うほど十分にあるのであれば、超過売上高は全くないと考えられることになる。

また、たとえば製造部門や販売部門の貢献が大きいと判断される場合や、ブランド力が強い場合には、発明の貢献が相対的に低いことから、超過売上高

(独占割合)が小さく算定されることになっている。すなわち，発明の貢献を独占割合で合わせて考慮しているのであるが，そもそもどの計算要素でどのように考慮すべきなのかは検討すべき課題であろう。

(4) 仮定的実施料率について

論点6　自社実施の場合に，実施料率はどのように推定されるのか？

　前述したように自社実施の場合でも実施料として相当の対価を算定している。この場合に適用される仮定的実施料率は，他社に実施権を与えると仮定した場合の料率である。自社実施の場合に，独占による超過売上高にこの実施料率を乗じた金額が何を意味しているのか疑問なしとは言えないところであるが，この点は措くとして，実施料率の算定に際しては，①権利の強さ，契約期間，適用される地域等の範囲などと，②実施料支払い方法に関する契約の形態（一括支払い，出来高リンクなど）が考慮される。そして，使用者としては，独占によって最も利益が多額となる契約形態と実施料率を採用すると考えられるであろう。この点，どのように実施料率を設定するのか検討すべき課題であろう。

(5) 特許寄与度について

論点7　複数の特許が合わされて実施許諾された場合（特許ポートフォリオとして一括して実施許諾された場合）に，発明者に関係する特許の寄与度はどのように推定されるのか？

　他社実施の場合で，複数の特許が合わさって実施許諾された場合には，実施料に該当する特許の寄与度を乗じるのであるが，この寄与度をどのように判定するのか問題となる。

(6) 発明者貢献度（使用者貢献度）について

論点8　使用者（企業等）と発明者の独占利益の分配はどうあるべきか？

　これは発明者貢献度をどのように判断するのかということである。過去の裁判例ではさまざまな要因を挙げて判断しているが，独占の利益が多額にみられ

るケースでは，事業リスクへの挑戦の過程で広範囲な貢献を使用者に認めているが，一方，独占の利益が少額なケースでは，使用者の貢献度を限定的にしか認めず，発明者が受ける利益の額の絶対額のバランスをとっているようである。

　この点は前述したとおり，どのようなリスクをどのように考慮していくのか，検討すべき課題であろう。

(7) 共同開発者間の発明者貢献度について

> 論点9　共同発明者がいる場合に，発明者の相当の対価はどのように算定されるべきか？

　共同発明者間の貢献度を検討する場合には，単に発明の着想や発明の完成等への貢献のほか，先行した発見，実験データの収集，出願明細の補正への対応等についても考慮されるべきである。この点も具体的にどのように計数化するのか，検討すべき課題であろう。

(8) その他（過去の報奨金，クロスライセンス）

> 論点10　勤務規則等により，使用者（企業等）が既に発明者に報奨金を支払っている場合に，どのように考慮されるのか？

　過去の裁判例では，発明に対する報奨金が既に支払われている場合には，相当の対価から控除されている。

> 論点11　包括的クロスライセンスが行われた場合に，支払うべき実施料はどのように推定算定されるのか？

　クロスライセンス契約では，相互の保有特許等を包括的に実施許諾するもので，必ずしも実施料は支払われていない。また，クロスライセンス契約をした両者にとって利益が均衡していると判断したと考えられるのであるが，対象となっている特許権等が両者において同程度の実施が行われている保証もない。さらに複数の特許が束となっているので，対象とされる発明の寄与率も考慮しなくてはならない。

　具体的にどのように算定するのか，検討すべき課題であろう。

第9章 職務発明の対価の算定

おわりに

　以上，裁判例の分析を通じた職務発明対価の算定方法について，会計的な側面から検討を加えてきた。

　本章の冒頭で述べたように，平成17年4月以降，改正特許法が施行されている。したがって，新第35条施行以前の職務発明に関しては，旧第35条が適用されるため，上記の議論は引き続き検討されていく必要がある。

　一方，新第35条施行後の職務発明については，新第35条の規定ぶりから，使用者と従業者との間での手続き上の瑕疵がなければ，社内的に決められた合理的な算定式は，裁判上も相当程度尊重されると考えられる。しかしながら，同条第4項の「対価を決定するための基準の策定に際して使用者等と従業者との間で行われる協議の状況，策定された当該基準の開示の状況，対価の額の算定について行われる従業者等からの意見の聴取の状況等」(下線：筆者)の「等」には，手続き面ばかりでなく実体面も斟酌されるとされており，実体面には算定基準の内容の合理性が含まれると理解されているようである。そうすると，新第35条適用後においても，合理的な算定方法の検討ということが引き続き重要であることには変わらないといえるであろう。

　これまで職務発明の対価については，巨額な金額が判示され大変なニュースになったこともあったが，判決文を分析しても，各計算要素がどのような理由で採用されたのか明示されていない場合が多い。弁護士をはじめとする法律の専門家のなかでは，判決の積み重ねによって，相当の対価に関する「相場観」といったものが形成されていくようである。このように関係者のなかで相場観が形成されることによっても，裁判でどの程度の金額が示されるのか，その予見可能性を高めることはできるであろう。しかしながら，個々の事件で，訴訟当事者にとって，より納得性の高い判断を導き出すためには，上記の会計的な論点を踏まえた上で，より合理的な算定方法を示していくことが必要ではないであろうか。

第4部　その他の紛争処理会計業務

(注)

1) 職務発明をどのように位置付け，その対価をどのように算定すべきかについて，法律論的なアプローチだけでなく，経済学的なアプローチも加味しながら検討を行っている研究もあるが，これは法律の解釈論から立法論にまでも及ぶ課題であり，本書の目的の範囲を超えていることから，本章では現在の判例・裁判例における算定方法を前提とした課題の指摘にとどめた。
2) 職務著作については，職務発明と異なり，原則として使用者である法人等に著作権があるとされている（著作権法第15条）。
3) この点については，法律上，さまざまな解釈論があるのであろうが，このような法律論は本書の範囲外であるので，必要な範囲で紹介する。
4) 例えば，永野周志（2004）参照。永野は特許権制度を「リスクを負って発明の生産（経済活動としての技術開発）にコミットする経済主体に発明の生産に投下した資本（以下「技術開発費」という）の回収機会を確保させるための制度」（4ページ）と位置付け，「技術としての発明が実現する経済的価値」と「特許権の効力によってもたらされる経済的価値」を区別して，前者は発明を創作する従業員に付与されるインセンティブの原資として，後者は使用者の技術開発費の回収の原資に充てられるべきと主張している（11ページ）。また，技術開発のリスクは使用者が負担しているのであるから，そもそも職務発明による特許権の帰属は発明者である従業者ではなく，使用者であるべきであると主張している（20ページ）。

その他に，田村善之・山本敬三編（2005）の「第2章　職務発明の経済学」参照。
5) 日本公認会計士協会（2007）「Ⅳ　職務発明の対価の算定」。なお，報告書の当該部分は，日本知的財産仲裁センターＩＰ評価研究会との共同研究の成果である。
6) 分析の対象とした判決は，下記の14である（報告書60ページ）。
    1．東急式ＰＣパイル事件（東京地裁昭和58年9月28日判決，昭和56年（ワ）第7986号）
    2．クラッド事件（東京地裁昭和58年12月23日判決，昭和54年（ワ）第11717号）
    3．カネシン事件（東京地裁平成4年9月30日判決，平成元年（ワ）第6758号）
    4．象印魔法瓶事件（大阪地裁平成6年4月28日判決，平成3年（ワ）第5984号）
    5．ゴーセン事件（大阪地裁平成6年5月27日判決，平成5年（ネ）第723号）
    6．オリンパス地裁事件（東京地裁平成11年4月16日判決，平成7年（ワ）第3841号）
    7．希土類事件（大阪地裁平成14年5月23日判決，平成11年（ワ）第12699号）
    8．缶チェッカー事件（東京地裁平成14年9月10日判決，平成13年（ワ）第10442号）
    9．日立金属事件（東京地裁平成15年8月29日判決，平成14年（ワ）第16635号）
    10．日立製作所光ディスク事件控訴審（東京高裁平成16年1月29日判決，平成14年（ネ）第6451号）
    11．日亜化学事件（東京地裁平成16年1月30日判決，平成13年（ワ）第17772号）
    12．味の素事件（東京地裁平成16年2月24日判決，平成14年（ワ）第20521号）
    13．豊田中央研究所燃料噴射弁事件（東京地裁平成18年3月9日判決，平成16年（ワ）第27028号）

第 9 章　職務発明の対価の算定

14. 三菱電機半導体事件（東京地裁平成18年 6 月 8 日判決，平成15年（ワ）第29850号）

【参考文献】
1　田村善之・山本敬三編（2005）「職務発明」有斐閣，2005年 3 月
2　永野周志（2004）「職務発明の理論と実務」ぎょうせい，2004年 9 月
3　日本知的財産仲裁センターＩＰ評価研究会（2005）「新職務発明制度への対応　フェーズ 1 ：職務発明規程の作成」
4　日本公認会計士協会（2007）「法的紛争処理における会計的側面の研究―知的財産権の紛争処理を中心とした会計的課題」

第10章　会社更生と民事再生

　会社が倒産した場合，そのまま会社を清算して無くしてしまう場合もあれば，債権者等の協力を得ながら再建を行う場合もある。前者の清算型の場合には，財産を換金して分配していくこととなるから，会計上，複雑な課題は発生しないと考えられるが[1]，後者の再建型の場合，会社の債権債務の状況を把握して，どのように再建していくのかを検討していくうえで，会計的な課題がいくつか発生してくる。

　そこで本章では，再建型の倒産手続きにおける会計上の課題を検討してくこととする。ところで，再建型の倒産手続きには，裁判所が関与しない手続きと裁判所が関与する手続きとがあるが，本書では法的な紛争処理を主眼としていることから，本章では裁判所が関与する会社更生法と民事再生法における手続きに注目する。

　本章ではまず，倒産手続きについて，会社更生法と民事再生法の概要を説明し，次に倒産手続きのなかで，特に公認会計士が関わることとなる財産評定，再建計画案の策定および会計処理について検討する。

　なお，紙幅の関係上，本章では基本的な考え方を中心に記載し，課題としてあげられる点を箇条書き程度にとどめていることから，実務上の具体的な考え方に関しては，参考文献を示しているので，それらを参照願いたい。

第4部　その他の紛争処理会計業務

第1節　事業再建手法の概要

　事業再建の手法としては，上述のように裁判所が介入する手法と介入しない手法がある。後者の裁判所が介入しない再建手法としては，もちろん債務者や弁護士が中心となって任意に進めていく方法もあるが，その他に私的整理ガイドライン（私的整理に関するガイドライン研究会（2001））に沿った再建手続き，中小企業再生支援協議会（産業活力再生特別措置法第29条の3）（中小企業庁（2005））や整理回収機構（整理回収機構（2005））による再建手続きがある。
　一方，前者の裁判所が介入する再建手法としては，最も強力な手続きとして株式会社のみを対象とする会社更生法による手続きと，個人も含めた株式会社以外の者の利用も可能な民事再生法による手続きとがある。本章では，この法的な再建手続きにおける会計的な課題について検討するのであるが，まず，両者の概要を，会計的な課題が発生しそうな手続きを中心に説明する。

(1)　会社更生法の概要

　会社更生法は「窮境にある株式会社について，更生計画の策定及びその遂行に関する手続を定めること等により，債権者，株主その他の利害関係人の利害を適切に調整し，もって当該株式会社の事業の維持更生を図ることを目的」（第1条，下線部：筆者）としている。まず，同法の対象が株式会社のみである点に留意する必要がある。
　株式会社，または一定の要件を満たす債権者または株主は，更生手続き開始の申立をすることができ（第17条），裁判所は必要に応じて，強制執行や担保権の実行等の手続きを中止することができる（第24条）。通常は同時に財産の保全処分の申立も行われ，裁判所は保全管理命令を発する（第30条）。この際に保全管理人が選任され，事業の経営と財産の管理および処分の権限は保全管理人に専属されることとなる（第32条）。
　裁判所は更生手続き開始の原因となる事実があると認めるときは開始決定を

し（第41条），管財人を選任する（第42条第1項）。更生会社の事業の経営ならびに財産の管理および処分の権限は管財人に専属する（第72条）。

以上のように財産の管理および処分ばかりでなく経営の権限も，会社の役員から保全管理人または管財人に移ってしまうことに，後述の民事再生法との違いがみられる。

また，強制執行や担保権の実行等の手続きが中止され，開始決定日から1年間は更生会社に対する国税滞納処分もすることができない（第50条）とされており，この点も民事再生法による手続きと異なり，財産保全について非常に強力な規定が設けられているといえる。

管財人は，開始決定後遅滞なく開始時における時価で財産評定を行い，また更生計画認可決定があった際には，更生計画認可決定の時における貸借対照表と財産目録を作成なければならない（第83条）。また，債権届け出期間満了後，裁判所の定める期間内に，更生計画案を作成して裁判所へ提出しなければならない（第184条）。更生計画案は関係人集会の決議に付され（第189条），ここで可決された場合には，裁判所によって認可または不認可の決定が行われる（第199条）。

なお，事業年度についての特例があり，開始決定があったときは，事業年度はその開始があった日に終了し，その翌日から更生計画認可の時までが，次の事業年度となる（第232条第2項，法人税基本通達14－3－1）。

(2) 民事再生法の概要

一方，民事再生法は，「経済的に窮境にある債務者について，その債権者の多数の同意を得，かつ，裁判所の認可を受けた再生計画を定めること等により，当該債務者とその債権者との間の民事上の権利関係を適切に調整し，もって当該債務者の事業又は経済生活の再生を図ることを目的」（第1条）としている。同法では会社更生法と異なり，対象を株式会社に限定せず，すべての法人および自然人が対象となっている。

債務者または債権者が再生手続き開始の申立を行い（第21条），裁判所は必要

第4部　その他の紛争処理会計業務

がある場合には強制執行等の手続きを中止することができる(第26条)。また，裁判所は利害関係者の申立または職権によって，業務および財産に関し，仮差押え，仮処分その他の必要な保全処分を命ずることができる（第30条）。

裁判所は一定の事項に該当する場合（第25条）を除き再生手続き開始の決定をする（第33条）。また，裁判所は開始申立があった場合等に，監督委員，調査委員等を命ずることができるとされているが（第54条，第62条，第64条，第79条），一般的には監督委員のみを選任しているようである。

再生債務者は再生手続き開始後遅滞なく，再生手続き開始時の財産評定を行い，財産目録および貸借対照表を作成して裁判所に提出しなければならない(第124条)。この他，再生債務者は再生手続き開始に至った事情等を記載した報告書も裁判所へ提出する必要があり，監督委員は別途，債務者の業務および財産の管理状況その他裁判所の命ずる事項を裁判所へ報告することとなっている（第125条）。

再生手続き開始決定後，債権届け出が行われるが（第94条），再生債務者に担保権を有する別除権者は，対象となっている財産について別除権を行使できるものとされている（第5条第2項）。

再生債務者は債権届け出期間満了後の裁判所が定める期間内に再生計画案を作成して裁判所へ提出しなければならない（第163条）。また，監督委員はこれに対する意見書を提出する。その後，裁判所は再生計画案を決議に付し（第169条），裁判所は一定の事項がある場合を除き再生計画認可の決定をする（第174条）。

以上にみられるように，会社更生法と異なり，手続きを進める主体は再生債務者自身となっており，監督委員等が会社更生法の管財人等のように経営や財産の保全・処分の主体となって活動することはない。また，民事再生法では，国税滞納処分を中止する規定もなく，担保権をもつ債権者はそれを行使できるとされている点でも会社更生法と異なるところである。事業年度については，民事再生法では会社更生法にあった特例はないことから，開始決定あるいは認可決定があったとしても事業年度が切れることはなく，あくまでも定款上の会計期間に基づいた決算が行われる。

その他異なる点はあるが[2]，両法の比較検討が本書の目的ではないので，以下，会計的な課題に係る点に焦点を当てることとする。

(3) 両法の基本的な特徴と会計的な課題

両法では開始決定の位置付けが大きく異なり，このことが上記の会計期間に対する取扱いや，財産評定に対する考え方に大きく影響を与えていると考えられる。すなわち，会社更生法では，会社の財産は開始決定の時点で債権者に移転されたと観念する。したがって，開始決定の時点で会計期間は終了し，開始決定時点の財産評定をして，これを会社の帳簿に反映させる必要が出てくる。また，経営や財産の保全・処分の権限が，会社の取締役から裁判所の選任した管財人に移ってしまっていることも，開始決定前後で経営が一旦切れてしまっている表れであろう。

一方，民事再生法では，再生債務者自身が主体となって再生手続きを行っており，会社はそのまま引き続き存続していると観念している。したがって，会計期間は従来のままである。財産評定の目的は，あくまでも破産した場合と民事再生した場合との比較のためであり，財産評定した結果が会社の帳簿に反映されることはない。

以上が基本的な考え方の相違による財産評定等への影響であるが，両法の手続きのなかで，会計的な課題としては次の三つをあげることができる。

① 財産評定等
② 再建計画における損益・資金計画の策定
③ 手続きの各段階における会計処理

そこで，順番に論点を整理していきたい。

第4部　その他の紛争処理会計業務

第2節　継続企業の前提が成立していない会社等における資産および負債の評価

まず，財産評定に関して整理するが，このような継続企業の前提が成立していない会社等における資産および負債の評価に関して，一般的な指針として日本公認会計士協会から研究報告が公表されているので（日本公認会計士協会(2005)），これに基づいて財産評定に関する基本的な考え方を整理したい。

同研究報告「4．対象会社における資産及び負債の評価」によると，まず，会社更生法に関してであるが，前述のとおり管財人は開始決定後遅滞なく，開始決定時の時価で財産評定をしなければならず，またこの財産評定の金額が取得原価とみなされる（会社更生法施行規則第1条第2項）。したがって，更生会社になる前に付していた取得原価を基本とする財産の帳簿価額は，更生手続き開始決定時点で全面的に評価替えされることとなる。今後の更生会社の更生計画案の決定権限は実質的に債権者にあることから，更生会社の資産等の実質的な所有者は更生債権者等にあると考えられ，したがって，更生債権者等が旧所有者から資産等を取得したと考えることができる。この場合，財産評定にあたっては，事業の清算を仮定するのではなく，更生後の事業の継続を仮定した個々の資産の時価が付されるものと考えられる，としている。

この財産評定の価額は帳簿に反映されるのであるから，その合理性の担保が必要であるが，同研究報告「5．継続企業の前提が成立していない会社に関する基本的な考え方　(4)評価替えに用いられる価額」で次のように述べている。すなわち，財産評定の手続きは，更生担保権の評価が同時に行われる等債権者が合意した価額として評価額が決定されていることや，債権者と新株主の利益が相反する関係のなかで行われることを考慮すると，少なくとも当事者間の利害調整を果たした合理的な評価額としての性格を有すると考えている。

一方，民事再生法の場合，民事再生手続きの開始決定によっても株主はその権利を喪失しないため，更生会社のように旧所有者から新所有者に事業等の譲

渡が行われたと擬制することは困難であり,また,財産評定の目的は清算を仮定した財務情報の提供にとどまるものである。したがって,民事再生会社については,継続企業の前提が成立していない会社と位置付けることはできず,資産および負債のすべての評価替えを強制することは適当でない,としている。

それでは,財産評定は具体的にどのように行うのか。同研究報告では記載されていないが,別に日本公認会計士協会から研究報告が公表されている(「財産の価額の評定等に関するガイドライン(中間報告)」(日本公認会計士協会(2007.8))および「財産評定等ガイドラインとQ&A・事例分析」(日本公認会計士協会(2007.8))。以下,「ガイドライン」および「Q&A」)ので,これらに沿って以下では検討したい。

第4部　その他の紛争処理会計業務

第3節　会社更生法第83条時価等

　まず，会社更生法における財産評定について検討したい。前記のとおり管財人は，第83条第1項および第2項により，遅滞なく開始決定日の時価で財産評定を行わなくてはならず，これが会社の新たな帳簿価額の基礎となる（会社更生法施行規則第1条第2項）。これは前述のように，更生会社の全資産は更生債権者，更生担保権者等に移転したものと観念され，事業の清算を前提とするのではなく，事業継続を前提とした時価が付されることとなる。

　この財産評定のほか，会社更生法では，認可決定時における財産目録と貸借対照表の作成を求められているとともに（第83条第4項），処分予定財産については処分価額を付すことができ，事業の全部を廃止する場合においては処分価額を付さなければならないとされている（会社更生法施行規則第2条および第3条）。

　ガイドライン第52項では，会社更生法第83条第2項にいう時価（以下，「第83条時価」）とは，「①企業会計の『時価』を意味するものと，②企業会計上『時価』ではないが，代替的に又は特定的にある価額によるもの」とが含まれるとしている。

　ここに企業会計の時価とは，公正な評価額をいい，通常は観察可能な市場価格，市場価格が観察できない場合には合理的に算定された価額をいう（第53項）。公正な評価額とは，「独立した当事者間による競売又は清算による処分以外の現在の取引において，資産（又は負債）の購入（又は負担）又は売却（又は弁済）を行う場合のその価額」（第54項）である。また，市場価格とは，「①資産の効用，②将来キャッシュ・フロー，③キャッシュ・フローに付随する不確実性，④市場参加者がその不確実性を負担する際に要求する金額（リスク・プレミアム）について，すべての市場参加者による合意を反映するもの」（第55項）とされる。この市場価格が存在しない場合には，「類似資産の市場価格は現在価値による評価方法，その他の評価方法により合理的に算定された価額を適用する」（第56項）とされている。

同ガイドラインでは，第83条時価として用いられる価値，価額等として以下の六つを挙げている。

① 現在価値：「将来キャッシュ・フローの見積額をその見積期間について一定の割引率を用いて割り引いた総額としての現在価額」（第60項）

② 回収可能価額：「資産又は資産グループの正味売却価額と使用価値のいずれか高い方の金額」（第61項）

③ 正味売却価額：「資産又は資産グループの売却価額から処分費用見込額を控除して算定される金額」（第63項）であり，「十分な知識をもち自発的に取引を行う買手と売手の間で合意した売却価額を想定」しており，「更生会社が資産の売却を強いられている場合には，強制された売却価格として算定されることがある」（第65項）

④ 正味実現可能価額：「売価からアフター・コストを差し引いた価額」（第66項）であり，十分な知識をもち自発的に取引を行う買手と売手の間で合意した売却価額という条件は要求されておらず，「通常の営業過程における予想売価を算定するもの」（第65項）である

⑤ 再調達原価：「資産又は資産グループを再取得するために通常要する購入予想額」（第68項）

⑥ 使用価値：「資産又は資産グループの継続的使用と使用後の処分によって生ずると見込まれる将来キャッシュ・フローの現在価値」であり，「市場参加者が想定する資産の利用方法ではなく，更生会社に固有の利用法を前提に算定される」（第70項）

具体的な評価については，当ガイドラインでは，以下の科目別に整理されている（第71項から第168項）。紙幅の関係上，詳細については同ガイドラインを参照願いたいが，後述の会計処理の課題でも指摘しているように，保証債務のオンバランス化など，特有な経理処理が必要な場合があることに留意する必要がある。

① 現金預金（第71項および第72項）

② 金銭債権（第73項ないし第77項）

第 4 部　その他の紛争処理会計業務

③　将来債権：弁済期（停止期間）未到来の債権で，発生原因，発生時期が不確実な債権（第78項）

④　事前求償権（第79項ないし第81項）

⑤　棚卸資産（第82項ないし第85項）

⑥　集合動産：倉庫内の在庫商品や工場内の製品のように，個々の物が単一の経済的目的のために集合し，経済取引上一体として取り扱われるもの（第86項）

⑦　販売用不動産等（第87項ないし第98項）

⑧　前払費用（長期前払費用を含む）（第99項）

⑨　事業用不動産（第100項ないし第107項）

⑩　工場財団抵当の対象資産（第108項および第109項）

⑪　環境修復費用（土壌・地下水汚染の浄化費用等）（第110項および第111項）

⑫　土地再評価法適用の土地（第112項ないし第114項）

⑬　投資不動産（第115項ないし第118項）

⑭　遊休資産（第119項ないし第124項）

⑮　リース資産（第125項および第126項）

⑯　無形固定資産（第127項ないし第131項）

⑰　知的財産権（第132項ないし第134項）

⑱　有価証券（投資有価証券を含む）（第135項ないし第152項）

⑲　時価のない債券の取扱い（第153項）

⑳　時価のない証券投資信託の取扱い（第154項）

㉑　その他の投資（第155項ないし第159項）

㉒　繰延税金資産及び繰延税金負債（第160項）

㉓　繰延資産（第161項）

㉔　負　　債（第162項および第163項）

㉕　金銭債務と債権の届出及び調査（第164項および第165項）

㉖　退職給付引当金（第166項および第167項）

㉗　デリバティブ取引（第168項）

以上の第83条時価による評価のほか，必要と認められる場合には，事業全体の価値あるいは清算処分価額による評価が行われる（第11項）。まず，前者の事業全体の価値であるが，「更生計画の遂行可能性と権利分配の公正，衡平等を判断するための前提資料を更生会社自身も含め，利害関係者及び裁判所に提供する」（第170項）目的で算定されるものであり，「更生会社が事業を継続することにより得られる将来収益等を基礎に算定される事業価値と，継続しない事業や遊休資産の売却処分等により得られる回収額の総和である」（第169項）。

この事業全体の価値は，事業を継続することによる価値はＤＣＦ法や乗数法等の評価方法によって算定され，継続しない事業や遊休資産の売却等による回収額は処分価額により評価される（第172項）。ＤＣＦ法とは，「将来キャッシュ・フローの見積額をその見積期間の各年度に一定の割引率を用いて割り引いた現在価値の総額をもって算定する方法」（第175項）であるが，この方法を用いる場合の留意事項として下記の点があげられている（同項。なお，具体的な内容は第176項ないし第180項参照）。

① 採用する利益及びキャッシュ・フロー計画
② 将来キャッシュ・フローが，その見積値から乖離するリスクを事業価値へ反映させる方法
③ 将来キャッシュ・フローの見積期間
④ 見積期間終了後に継続する期間のキャッシュ・フローの残存価値
⑤ 割引率

一方，乗数法とは，「既に公開している会社の株式時価総額が株主価値に等しいとする前提で，評価対象となる会社又は事業に類似した上場会社を選定し，それらの会社の時価総額，有利子負債に基づく企業価値と支払利息及び税金控除前利益（カッコ内省略），減価償却費，支払利息及び税金控除前利益（カッコ内省略）等といった特定の財務指標による倍率（カッコ内省略）を推計し，これを評価対象となる会社又は事業の実績値，見込値，予想値等に乗ずることにより評価額を算定する」（第181項）方法であり，これを用いる場合の留意事項として下記の点があげられている（同項。具体的な内容については第181項ないし第187項参

照)。

① 乗数を算定するための財務指標
② 類似上場会社の選択
③ 評価基準日後に見込まれる事業再構築のための支出
④ その他

次に処分価額による評価であるが，処分価額とは「資産の売却，回収による換金価値」(第188項)であり，施行規則第2条による予定処分価額(更生計画において，財産の譲渡をする旨，その対価，相手方，その他の事項が定められている場合の評価)と同規則第3条による清算処分価額(更生計画において事業の全部の廃止を内容としている場合の評価)に分けられる。前者の予定処分価額は，「継続企業を前提とする更生会社が経営活動を続ける中で，資産譲渡を行う場合の譲渡価額を想定」しており，したがって，「一般的には清算又は破産時におけるほどの資産価値の劣化を考慮する必要が」なく，「通常の正常営業循環過程において処分する価額の意味合いが強い」と考えられている(第190項)。一方，後者の清算処分価額は，「企業を解体清算することを前提とするものであり，民事再生法上の基本的な財産評価基準額である処分価額と同義である」(第192項)とされている。

同ガイドラインでは第83条時価と同様に科目別の評価方法が記載されており，具体的には同ガイドラインを参照されたい(第197項ないし第218項)。

第4節　民事再生法における財産評定

　民事再生法における財産評定の目的は，前述のように再生債務者が破産した場合と比較して，再生した方が有利であるか否かを判断することにある。したがって，会社更生法の場合と異なり，会社の帳簿価額に影響を与えることはないし，また，税務上，資産評価損を計上することができるが，この破産を前提とした財産評定の金額が採用されることはない。

　具体的な評価の考え方は，上述のとおり，会社更生法における清算処分価額の考え方によるものである（ガイドライン「Ⅵ　処分価額」参照）。

第5節　再建・再生計画案における損益・資金計画の策定

　会社再生手続きにおける次の会計上の課題は，再建計画案での損益計画や資金計画の策定である。計数化された損益計画や資金計画は，再建のスキームが明確にされ，債務免除等が決められ，その他税務上の課題等も検討されたうえで，今後の再建がどのような損益と資金繰りをしていくのかを示すことから，再建計画案を集約した総まとめといえる。

　ところで，会社更生法における更生計画には，下記の事項を定めなければならず，その他にも定款の変更，事業譲渡等，株式会社の設立その他更生のために必要な事項を定めることができる（第167条第1項）。

① 　全部または一部の更生債権者等または株主の権利の変更
② 　更生会社の取締役，会計参与，監査役，執行役，会計監査人および清算人
③ 　共益債権の弁済
④ 　債務の弁済資金の調達方法
⑤ 　更生計画において予想された額を超える収益金の使途
⑥ 　続行された強制執行または国税滞納処分における配当等に充てるべき金銭の額または見込額，ならびに担保権消滅請求手続きにおいて裁判所に納付された金額等
⑦ 　知れている開始後債権があるときは，その内容

　上記の内容のほか，更生計画には多くの別表が添付されており，一般的には下記のようなものである（事業再生研究機構編（2004），第6章）。

① 　貸借対照表
② 　損益計算書
③ 　事業損益計画表
④ 　弁済資金計画表
⑤ 　弁済・納付計画総括表

第10章　会社更生と民事再生

⑥　更生担保権弁済計画表
⑦　優先的更生債権弁済・納付計画表
⑧　一般更生債権弁済計画表
⑨　未確定更生担保権表，未確定更生債権表
⑩　存続する担保権一覧表
⑪　存続しない担保権一覧表
⑫　担保権目的物一覧表
⑬　共益債権支払実績及び未払残高表
⑭　弁済した更生担保権・更生債権一覧表
⑮　その他

一方，民事再生法における再生計画では，下記の事項を定めなければならないほか，株式併合，減資，定款変更等の事項を定めることができる（第154条第1項）。

①　全部または一部の再生債権者の権利の変更
②　共益債権および一般優先債権の弁済
③　知れている開始後債権があるときは，その内容

再生計画案でも，更生計画と同様に下記のような別表が添付されている。

①　再生債権明細表
②　別除権付債権明細表
③　リース債権明細表
④　別除権の目的物の明細表
⑤　再生債権弁済計画表
⑥　資金収支計画書

以上のように，さまざまな書類の作成が必要となるのであるが，損益計画や資金繰り計画等の具体的なひな形や作成の留意点については，日本公認会計士協会東京会，同協会近畿会や事業再生研究機構から，いくつか研究報告等が公表されており（日本公認会計士協会東京会（2003），日本公認会計士協会近畿会（2002），同会（2005），整理回収機構（2005）），作成に係る細部についてはこれらの公表物に

239

第4部　その他の紛争処理会計業務

当たっていただくとして，実務上，債務免除益に対する課税が資金繰りに対して大きく影響を与える場合が多いので，資産評価損，税務上の繰越欠損金その他の項目を検討しながらタックス・プランニングを十分に検討することが重要であることを指摘しておきたい。

特に資産評価損については，会社更生の場合には，財産評定による結果を帳簿で受け入れられることから，資産の評価損益をそのまま税務上も受け入れられることになるが（法人税法第33条第2項），民事再生の場合，上述のように財産評定と帳簿金額とは連動しない。法人税法上では，民事再生の場合には，預貯金，貸付金，売掛金，その他の債権，売買目的有価証券等の資産については評価損を損金算入することはできないとされている（法人税法第33条第3項，法人税法施行令第68条の2第3項）。なお，平成21年度税制改正で，民事再生の場合，貸付金や売掛金の評価損の計上が認められた（改正法人税法第33条第2項）。

また，資産評価損計上のタイミングにも留意する必要がある。会社更生の場合，更生会社の事業年度は，その開始の時に終了し，これに続く事業年度は，更生計画認可の時（その時までに更生手続きが終了したときは，その終了の日）に終了するとされている（会社更生法第232条第2項）。一方，民事再生の場合には，再生債務者はそのまま存続しているので，開始決定等があったとしても事業年度が切れることはなく，従前の事業年度が引き継がれることとなる。一方，資産評価損の計上のタイミングであるが，会社更生の場合には，更生計画認可の決定のとき（法人税法第33条第2項），民事再生の場合には，再生手続き開始決定時のとき（法人税法第33条第2項，同法施行令第68条第1項，法人税基本通達9－1－5および9－1－16），または再生計画認可の決定時（法人税法第25条第3項および第33条第3項）となっている。民事再生の場合，①認可決定の際は評価損ばかりでなく評価益の計上が必要となること，②開始決定の際の評価損は損金経理が求められること，③過年度の税務上の繰越欠損金の充当については，開始決定の際の評価損の計上を適用した場合には，青色欠損金から充当されるのに対して，認可決定時の評価損益の計上を適用した場合には期限切れ欠損金から充当されること（法人税法第59条第2項），といった諸点に留意する必要がある。再生

計画認可の決定のとき（法人税法第33条第3項）となっている。

その他，過去において税務上の欠損金があった法人については，債務免除，役員等からの私財提供を受け，または資産の評価替えを行った場合には，期限切れ欠損金の控除を受けられるので（法人税法第59条第1項および第2項），この点も考慮に入れる必要がある。

以上のほかにも税務上の留意点はあるが[3]，更生計画や再生計画を立案する場合には，多額の債務免除益が発生することから，これによる課税所得が発生する場合には多額の納税資金を必要とする場合があることから，税務上の検討を十分に行う必要があることをご理解いただきたい。

その他，民事再生の場合の再生計画案中で，資金繰り計画を策定する際の実務上の留意点を指摘しておきたい。第1節で記載したように，民事再生の場合には，国税滞納処分を中止する規定もなく，担保権をもつ債権者はそれを行使できるとされている。特に後者の別除権債権については，債権者との交渉を行い，担保提供されている資産の評価等に基づき，別除権債権の金額と返済方法が債権者と再生債務者との間で合意される。そして，別除権評価額を超える部分については，例えば一般再生債権と同様の方法によって，債権の免除を受けて返済が行われる。したがって，別除権評価額いかんによって，一般再生債権の金額が変動し，これにより債務免除益も変動し，これがタックス・プランニングにも影響することとなる。また，債権者と合意した別除権債権の返済や諸税金の支払いも，当然であるが資金繰りに影響を与えるので，これらも考慮した資金繰り計画を立案する必要がある。

なお，会社更生法による更生計画案と民事再生法による再生計画案とでは，権利変更の対象となる権利，弁済期間，役員選任等の組織法上の行為において異なる点があるので注意していただきたい（Q＆A　質問91参照）。

第4部　その他の紛争処理会計業務

	更生計画案	再生計画案
権利変更の対象となる権利	・更生担保権，優先的更生債権および一般更生債権のすべてが権利変更の対象 ・株主の権利変更は更生計画の必要的記載事項（第167条第1項）	・別除権（第53条第2項）および一般優先債権（第122条第2項）は権利変更の対象外 ・株主の権利変更は一部の例外を除き再生計画の記載事項とならない（第168条第1項および第2項）
弁済期間	原則として15年以内（第168条第5項）	原則として10年以内（第155条第3項）
役員の選任等	・取締役または監査役は更生計画認可の決定時において退任（第211条第4項） ・認可決定後の取締役または監査役は更生計画の定めに従って決定（第211条第1項，第173条第1項）	・役員の地位は再生手続きの影響を受けないので，会社法に従って選任等の手続を行う
定款変更	更生計画において定款変更を定めたときは，計画認可の決定のときに定款変更の効力が発生（第213条）	・定款変更は原則として会社法の手続による ・再生計画によって発行予定株式総数を変更する場合には，再生計画によって定款を変更可能（第161条第4項）
減資および新株発行	・更生計画案で更生会社による自己株式の取得および当該株式の消却を定めることによって実行可能（第174条の2，第174条第1号） ・新株発行は更生計画において募集株式の数や募集株式の払込金額等の所定の事項を定めることによって実行可能（第175条）	・再生計画案で減資のために必要な自己株式の取得は可能（第161条第1項，第154条第3項） ・取得した自己株式の消却や新株発行は，原則として会社法の規定による
組織再編	事業譲渡，株式交換，株式移転，会社分割および合併等は更生計画において実行可能（第210条第1項）	事業の譲渡（第43条）等の例外を除いて会社法の規定による

第10章　会社更生と民事再生

第6節　手続きの各段階における会計処理

　最後の会計上の課題として，手続きの各段階での会計処理の課題があげられる。この点について，ガイドラインでは会社更生法の各段階で下記のように整理している。

① 開始決定時の処理
　・保証債務，リース取引，受取手形の割引等のオンバランス処理（第25項ないし第31項）
　・債権と債務残高の相殺および銀行取引残高間の相殺処理（第32項）
　・資産の実在性，評価の妥当性と負債の網羅性等の見直し（第33項）
　・更生手続き開始前の原因に基づいて生じた債権の分類（第34項ないし第38項）

② 認可前基準日の処理
　・財産評定結果，債権の届出および調査の結果等を反映する時点（第39項および第40項）

③ 認可決定時以降の処理
　・のれんの計上（第41項）
　・事業計画の見直しによる資産の評価替え（第42項）
　・再構築引当金（第43項）
　・税効果会計（第44項および第45項）
　・欠損金のてん補（第46項）
　・増資減資処理（第47項）
　・デット・エクイティ・スワップ（第48項）

第 4 部　その他の紛争処理会計業務

おわりに

　以上，会社更生と民事再生の際の会計上の課題を，①財産評定，②再建計画の立案および③手続きの各段階における会計処理の三つの視点から整理した。財産評定等においては，それぞれの法律の趣旨から，どのような価額を付すべきか検討されており，会計の視点からだけでは検討できない。再建計画の立案は実務的な課題であるが，損益計画や資金繰り計画を立案するためには，同様に関連する法令等を総合的に勘案しながら，実現可能な計画を立案する必要がある。手続きの各段階における会計処理の課題も，評価替えした資産等の帳簿への反映時点など，法律に基づいた処理が必要となってくる。

　したがって，どの課題においても，会計的な知識に加えて，会社更生法や民事再生法，税法といった関連する法令の知識が必要となってくることに留意する必要がある。

（注）
1）　解散会社の資産および負債の評価方法について会計的な課題があるが，解散会社の存在目的は財産を換価して負債の返済と残余財産の分配を行うことであり，したがって資産は処分価格による評価，負債は確定債務による評価や清算業務に必要な費用の合理的見積額によることとなる（日本公認会計士協会（2005）参照）。
2）　たとえば，日本公認会計士協会（2005），参考資料 2 参照
3）　例えば，髙田正昭・佐々木伸悟・萩原壽治（2006），事業再生研究機構　税務問題委員会編（2007）参照

【参考文献】
1　事業再生研究機構編（2004）「更生計画の実務と理論」
2　事業再生研究機構（2003）　財産評定委員会編「新しい会社更生手続きの『時価』マニュアル」商事法務
3　事業再生研究機構（2007）　税務問題委員会編「事業再生における税務・会計Ｑ＆Ａ」商事法務
4　私的整理に関するガイドライン研究会（2001）「私的整理に関するガイドライン」
5　整理回収機構（2005）「ＲＣＣ企業再生スキーム」2005年

第10章 会社更生と民事再生

6 高田正昭・佐々木伸悟・萩原壽治(2006)「徹底詳解 企業再生の税務 理論とQ＆A」税務研究会出版局
7 中小企業庁(2005)「中小企業再生支援協議会の支援による再生計画の策定手順(再生計画検討委員会が再生計画案の調査・報告を行う場合)」
8 日本公認会計士協会(2005)「継続企業の前提が成立していない会社等における資産及び負債の評価について」
9 日本公認会計士協会(2007)「財産の価額の評定等に関するガイドライン(中間報告)」
10 日本公認会計士協会(2007)「財産評定等ガイドラインとQ＆A・事例分析」商事法務
11 日本公認会計士協会東京会編(2003)「民事再生法経理実務ハンドブック」商事法務
12 山岸洋監修 田原拓治・平澤春樹・松原幸生(2001)「民事再生法と資産評価」清文社
13 日本公認会計士協会近畿会(2002)「民事再生法における事業計画案の参考書式」
14 日本公認会計士協会近畿会(2005)「民事再生における資金繰表の参考書式」

第5部

紛争処理会計の課題と展望

第11章 アメリカの紛争処理にかかる実務

　諸外国では公認会計士等の会計専門家が法的紛争処理の場において活躍している（例えば，アメリカ公認会計士協会では，紛争解決支援業務 Litigation Support Services が，一つの独立したサービスラインとしている）。各国で法体系や訴訟文化が異なることから，日本の実務と単純に比較することはできないであろう。しかしながら，裁判において損害賠償額の算定など会計的な側面で可能な限り合理的な判断を行うために，会計専門家をさらに活用していくことが必要ではないかと考えられる。また，前述の特許法等における計算鑑定人制度の導入といったことは，このようなニーズが既に存在している証左とも考えられる。

　ところで，公認会計士等の会計専門家の法的紛争処理へのかかわり方としては，先の職務発明の対価の算定における訴訟にみられたような訴訟当事者へ助言等を行う立場と，計算鑑定人のように裁判所から任命された鑑定人としての立場とがある。

　本章では，訴訟社会と一般的に言われているアメリカ[1]での実務を概観するのであるが，後述するように，アメリカでは鑑定人という制度はなく，原則として訴訟当事者が専門家を採用していくこととなっている。したがって，日本の実務とは異なる点があるが，どのような局面で会計専門家が関与しているのかを検討することは，今後の日本の実務の参考になろうかと考えられる。

　そこで本章では，アメリカの司法制度の概要を説明したうえで，アメリカにおける法的紛争の場での会計専門家の業務を概観する。

第5部　紛争処理会計の課題と展望

第1節　アメリカの司法制度の特徴

　上述のとおりアメリカと日本とでは司法制度が異なっている。アメリカにおける法的紛争の場での会計専門家の業務を理解するにあたっては，その前提として，アメリカの司法制度の概要を把握しておくことが必要であろう。そこで以下では，アメリカの司法制度を説明し，そのなかで民事裁判手続きのなかで専門家がどのように参画しているのか整理する[2]。

　アメリカでの司法制度は連邦と州との二重構造となっている。連邦裁判所は，連邦最高裁判所，連邦巡回控訴裁判所および連邦地方裁判所からなり，各州には，州により異なるが，最高裁判所，中間上訴裁判所および事実審裁判所がある。そして連邦裁判所の管轄は，合衆国憲法，連邦議会の制定法，これらを解釈する連邦最高裁判所の判決により特に与えられたものに限定されており，連邦地方裁判所の管轄は，州法に関する争いで当事者間に州籍が異なり最低訴額の要件が満たされている場合と，連邦法に関する争点がある場合とである。

　また，アメリカの法律には制定法と判例法とがあり，「現代では，制定法と判例法は概して補完関係にあり，制定法が一般原則のみを定め，判例法がより詳細な規則を明らかにすることが多い」（モリソン・フォースター外国法事務弁護士事務所（2006），p.20）ということである。「特に，連邦の利益が非常に強い分野では，連邦法が州法を完全に支配すること」があり，「州は，移民，破産，特許，著作権を規律する独自の法律を制定できない」（同書，p.21）とされている。

　さらに，事実認定に関して陪審による審理を認めている。「連邦裁判所における訴訟については，（衡平法と対比される）コモン・ローの下で歴史的に陪審審理が認められていた争いであれば，通常，陪審審理が認められるべき」（同書，p.3）とされており，多くの州憲法でも同様の規定があるようである。

　以上は制度的な特徴であるが，訴訟における考え方の特徴として当事者対抗主義という点をあげることができる。ここでは裁判官は「当事者の尋問者ではなく，当事者がたがいに有利な結果を導くため法（判例，制定法），規則，手続

第11章　アメリカの紛争処理にかかる実務

を使う際に，その妥当性を独立に判断するレフリーの役割を果たす」(同書，p. 2)とされている。

そこで弁護人は証拠として採用したい事実を各自の立場から収集することから，訴訟当事者は相手方当事者からトライアルの前に情報を発見する権利が与えられている。これは一般にディスカバリーと称されるもので，目的として「①トライアル前に事実を知る，②訴訟の争点を明確にし，狭める，③トライアルでは得られない可能性のある証言を保全する」ことにあるとされ，また「ディスカバリーで事実が開示されると，当事者が各自の主張の強みと弱みを理解し，訴訟の価値を現実的に見ることができるため，和解促進にも資する」(同書，p.66)とされている。

アメリカの「民事訴訟制度の主な目的は，事実，すなわち各訴訟における真実の発見」であり，「当事者対抗主義の下では，当事者が関連事実を明らかにすることにより，この目的が達成される」(同書，p.73)と考えられることから，ディスカバリーという手続きは非常に重要なものとして位置づけられると考えられる。

以上，アメリカの司法制度の特徴として，連邦と州の二重構造，制定法と判例法，陪審制度，当事者対抗主義，ディスカバリー制度といった制度的な点を指摘したが，実際の訴訟では，「訴訟の結果を決定づけることにおいて，第１審裁判所が重要な役割を果たしている」(大村雅彦・三木浩一編(2006)，p.6)ということである。すなわち，ほとんどの事件は最終判決に達せずに「トライアル(第１審の正式事実審理)が完了する前に当事者間で成立する和解によって決着がつくか，または，プリトライアル段階で種々の申立てによって処理されている」(同書，p.7)のが現実のようである。

以上でアメリカの司法制度を概観したが，そのなかで専門家がどのように訴訟手続きに参画しているのかを整理したい。

上記のとおりアメリカでは当事者対抗主義が採用されており，したがって「法廷への専門知識の提供は，原則として当事者が，専門家証人の供述等により行うことが多い」(知的財産訴訟外国法制研究会(2003)，p.2)。「専門的知識の法廷へ

251

の提出は当事者の責任」であり,「当事者による訴訟のコントロールを維持し,対立する当事者の攻防から効率的に真実を発見するために有効な手段である」(同書, pp.3-4) と考えられているようである。

ただし,陪審前にジャンク・サイエンスと称されるもの(「当事者の一方に都合がよいだけで,科学的な方法論に基づいているとはいえない証言が科学の衣にまとって」(同書, p.15) いるだけの証拠) があらわれるのを防ぐために,裁判所の職権により専門的知識を受け入れるルートもあるとのことである (専門家証人, スペシャル・マスター, テクニカル・アドバイザー等)。

第11章 アメリカの紛争処理にかかる実務

第2節 Forensic AccountingとLitigation Support Services

 以上，アメリカの裁判制度と民事訴訟における専門家の参画方法について紹介したが，当節では特に会計専門家による法的紛争への参画の仕方の概要について検討したい。

 会計専門家における，この分野にかかわる呼称については，Litigation (Support) Services, Forensic Services, Forensic Accounting など，いくつかのものがあるようである[3]。

 そこで，まずアメリカ公認会計士協会（以下，「AICPA」）が公表している討議資料「Forensic Services, Audit, and Corporate Governance : Bridging The Gap」(以下，「DM」)(AICPA (2004)) から見てみよう。このDMはAICPA内の Forensic and Litigation Committee と Fraud Task Force が2004年7月に公表した討議資料である。DMではforensic accountingには，公認会計士が専門家，コンサルタントその他の役割を担う紛争解決支援業務 (Litigation Services) と，裁判の証拠となる，ならないは別にして公認会計士のスキルを利用する調査サービスの二つからなるとし，会計，監査，財務，計量化手法，法の一定領域や調査における特殊なスキルと，証拠となる事項を集め，分析し，評価して，発見事項を解釈し伝達する調査スキルを適用するものである ((AICPA (2004), p.11) とされている。

 一方，G.A. Manningによれば，forensic accounting とは「経済事件の被告に対して，法廷で受け入れられるような形で財務的な情報を集め，提供する科学」(Manning (2005), Preface) であると定義している。この定義によるforensic accounting という用語は，法的な紛争処理との係わりはありそうであるが，どちらかというと不正等の調査といった意味合いが強そうである。

 また，B.J. BolognaとR.J. Lindquist は次のように指摘している。すなわち，「会計の辞書では，fraud auditing, forensic accounting, investigative accounting, litigation support, valuation analysis という用語は，明確には定義されていない。今日の用語法では，litigation support が最も広い用語であり，他の4つの用語を含んでいる」(Bologna and Lindequist (1995), p. 5) としている。この考え方は，上記のAICPAのDMとは用語の関係が逆になっており，litigation support のなかに forensic accounting 等が含まれるとされている。

　以上のように，明確な定義がなされていないような状況に見受けられるが，本章ではAICPAのDMの考え方を採用することとして，紛争処理会計 (Forensic Accounting)[4] のなかに，調査業務 (Investigative Services) と紛争解決支援業務 (Litigation Services) があると整理していくこととする。

　それでは，後者の Litigation (Support) Services とは，どのようなものであろうか。明確な定義は見当たらないのであるが，法的な紛争処理の場面で，会計専門家が提供するサービスをさしており，会計専門家の役割として典型的なものには「陪審の前に証言する専門家としての役割と，弁護士に助言するコンサルタントとしての役割」(Brinig and Gladson (2000), p.1) とがあるようである。すなわち，典型的な役割として，専門家証人としての役割と，コンサルタントとしての役割がある。

　以上，法的紛争における会計専門家の参加の仕方を調査業務と紛争解決支援業務の二つに整理したが，具体的にどのような領域で業務が行われているであろうか。この点を次節で見てみたい。

第3節　法的紛争における会計専門家の業務

　当節では，会計専門家による業務を概観するのであるが，ここではいくつかの文献から，具体的な領域を挙げてみたい。なお，それぞれの業務において，それぞれに固有の会計的な課題があるであろうが，紙幅の関係上，詳細についてはここで検討することができない。本書では，特に知的財産紛争に関して，わが国における損害賠償額算定方法や職務発明の相当の対価の算定方法に関して検討したことから，次章において，アメリカにおける特許権侵害訴訟における損害賠償額算定の考え方を取り上げたので参照願いたい。

　まず，B.P. Brinig と E. Gladson では，下記のような領域を示している (Brinig and Gladson (2000), pp.20-33)。

① 反トラスト（Antitrust）
② 裁判外紛争解決手続き（ADR）
③ 破　　産（Bankruptcy）
④ 契約違反（Breach of Contract）
⑤ 事業中断（Business Interruptions）
⑥ 事業評価（Business Valuations）
⑦ 建築被害請求（Construction Claims）
⑧ 知財事件での損害賠償（Damages Issues of Intellectual Property Cases）
⑨ 特許権侵害賠償（Patent Infringement Damages）
⑩ 専門家責任（Professional Liability）
⑪ 刑事事件（Criminal Cases）
⑫ 不正および着服（Fraud and Embezzlement）
⑬ 家族法／離婚事件（Family Law／Marital Dissolution Cases）
⑭ 交通事故等による個人の損害賠償（Damages Studies Involving Individuals）
⑮ 逸失利益（Lost　Profits）

　R.L. Weil, P.B. Frank, C.W. Hughes and M.J. Wagner では，以下のよ

うな領域を示している（Weil et al.（2007））。

(1) 民事訴訟（Civil Litigation）
① 証券訴訟および公認会計士賠償責任（Securities and Accountant Liability）
② 知的財産（Intellectual Property）
③ 反トラスト／企業結合（Antitrust／Business Combination）
④ 建築および不動産訴訟（Construction and Real Property Disputes）
⑤ 他の民事訴訟（Other Civil Litigation）

(2) 家族法（Family Law）
(3) 刑事事件（Criminal Cases）
(4) 調査（Investigations）

W. S. Hopwood, J. J. Leiner and G. R. Youngでは，以下のような領域を示している（Hopwood et al.（2008））。

(1) 財務諸表における不正（Financial Statement Fraud）
(2) 従業員，供給業者その他の者による組織に対する不正（Employee, Vender, and Other）
(3) 脱税（Tax Fraud）
(4) 破産，離婚および個人情報の不正入手（Bankruptcy, Divorce, and Identity Theft）
(5) 組織犯罪およびテロリズムに関する調査（Organized Crime and Terrorism Investigation）
(6) 事業評価（Business Valuation）
(7) 紛争解決支援業務（Dispute Resolution and Litigation Services）

以上，いくつかの文献から，どのような領域があるのか示したのであるが，これらからわかるように領域として大変広いことがわかる。ただし，体系的な整理が行われていないようである。

以下では，それぞれの領域での会計専門家の役割の概要について，上記の文献の中で最も項目をあげているB. P. BrinigとE. Gladsonに基づいて概観してみたい（Brinig and Gladson（2000），pp. 20-33）。

(1) 反トラスト（Antitrust）

　反トラスト訴訟では，会計専門家によって損害等の測定が行われる。具体的には，事業評価，逸失利益の見積り，コスト分析および損害額の分析が行われ，ほかに競争分析，対象となる市場や製品の確定，需要の価格弾力性の見積りが行われる場合もある。

(2) 裁判外紛争解決手続き（ＡＤＲ）

　仲裁や調停等の裁判外紛争解決手続きでは，財務的な問題や損害に関して，会計専門家が活躍している。

　ＡＤＲは裁判と同様に法的紛争を解決する手続きであるので，ＡＤＲによって他の項目で示しているような紛争を解決する手続きであるから，他の項目と並列で示す活動領域ではないと考えられるが，迅速かつ簡便な紛争解決の手段としてＡＤＲの重要性が高まってきていることから，BrinigとE. Gladsonでは独立の項目として掲げたものと考えられる。

　わが国においても，平成16年12月に裁判外紛争解決手続の利用の促進に関する法律（ＡＤＲ法）が公布され，平成19年4月より施行されていることから，今後注目されていくものと考えられる。

(3) 破　　産（Bankruptcy）

　会計専門家によって，破産申立前に発生した取引に関して不正な取引等がなかったかどうか調査が行われる。また，裁判所によって要求される月次の報告書の作成の支援も，会計専門家によって行われる。場合によっては，破産者あるいは債権者の証人となる場合もある。

(4) 契約違反（Breach of Contract）

　売り手あるいは買い手によって契約違反が行われた場合，会計専門家によって，契約違反による損害の算定が行われ，また専門家証人となる場合もある。売り手あるいは買い手のどちらが契約違反を行ったかにより，損害の算定は異

なってくる。買い手が契約違反をした場合には、売り手は当該製品を再販売しようとするのであり、契約価格と再販売価格の差による損害に付随的な損害を加え、契約違反の結果減少した費用を差し引いて、損害額を請求する。一方、配送の不備によって売り手が契約違反をした場合には、買い手は代替品との価格差に加えて、付随的にあるいは結果的に発生した損害が補償される。

(5) 事業中断 (Business Interruptions)

下請け業者の契約違反、事故による従業員の負傷、火災など、企業の意図しない事象によって事業が中断された場合、会計専門家によって、事業中断による損害が算定されるケースである。このようなケースの場合には、記録の再作成、事業の業績に影響を与える要因の明確化、循環的・季節的要因の考慮といったことが求められるため、複雑な算定となる可能性がある。また、場合によっては、同時に複数の要因が発生し、それぞれの要因に損害を配分する必要があることもある。

このような評価は、たとえば損害保険契約に関する争いの場合に行われると考えられる。

(6) 事業評価 (Business Valuations)

事業評価は、さまざまな訴訟において行われており、多くの事件では公正な市場価格の決定が求められるが、事件によっては公正価値や清算価値を求められる場合もある。

(7) 建築被害請求 (Construction Claims)

建築関係の訴訟は、超過工事、工事遅延、工事中断等さまざまな要因によって発生する。会計専門家によって、このような要因による損害が算定されるのであるが、これらの事象が与える財務的な影響は複雑であり、すべてのケースに適用可能な算定方法はないので、適用可能な法律論や建設業における会計基準を適用しながら損害賠償額を見積もらなくてはならない。

(8) 知財事件での損害賠償 (Damages Issues of Intellectual Property Cases)

著作権，商標権，営業秘密といった知的財産権の侵害があった場合，権利者は損害賠償を請求できるのであるが，この損害の分析が会計専門家によって行われる。これらの知的財産権については，権利者の損害（逸失利益または追加コスト）と侵害者の利益（侵害者が受けた利益または侵害者が避けられたコスト）の両者を請求することができる。また，損害の事実を示すばかりではなく，製品価値のどの部分が侵害している要素または侵害していない要素に起因しているのかを示していくことが求められる。

(9) 特許権侵害賠償 (Patent Infringement Damages)

特許権侵害事件では，特許権の存在を確認し，侵害者に特許製品の使用を停止させ，不法な権利侵害による損害の見積りが行われるといった複雑な事件である。特許権侵害事件では，科学者，エンジニア，マーケット・リサーチの専門家，統計学者，財務の専門家，会計専門家といった科学およびビジネス上のさまざまな専門家が参画する。特許権が侵害された場合には，権利者は失われた売上による利益か，獲得できなかった実施料に相当する損害額を請求することができる。

会計専門家によって，権利侵害による損害額の見積りが行われるのであるが，算定の基本的な考え方については，次章で詳細に検討しているので参照願いたい。

特許権者が損害賠償額として逸失利益を主張する場合には，権利者が侵害者の売上の一部または全部を実施することができることを示す必要があるため，一般的に会計専門家によって侵害者の売上の見積りが行われる。侵害者の記録の質によるが，侵害者の売上は財務諸表から直接に，または侵害者の会計記録から見積もられる。このように見積もられた侵害者の売上がすべて，権利者の失った売上となるわけではなく，たとえば侵害者に特有の顧客があったり，侵害者が値引きによって売上を拡大していたりした場合には，これらの要因も考慮に入れる必要がある。

第5部　紛争処理会計の課題と展望

　また，権利者の生産能力や物流能力も考慮に入れる必要があるとともに，製造原価や物流コストも考慮しなくてはならない。

　権利者が適正ロイヤルティによって損害額を請求する場合には，判例法の理解が必要であり，また，他の専門家の利用が必要となる。次章で説明するように，適正ロイヤルティは権利者と侵害者との間で仮想的交渉を想定し，両者の交渉力をさまざまな要因から判断して見積もられることから，さまざまな専門家の参画が必要と考えられる。

(10)　専門家責任（Professional Liability）

　公認会計士に対する損害賠償請求訴訟における業務である。近年，公認会計士に対する訴訟が増えており，税務業務，監査および会計業務，証券諸法，ビジネスや投資における助言，経営コンサルティング業務といった各業務において，公認会計士が訴えられるリスクがある。

　このような専門家責任賠償訴訟では，会計専門家は，そもそも被告に過失があったのか否かに関する専門家証人となる場合と，原告が被告の行為によって受けた損害を立証する専門家証人となる場合とがある。

(11)　刑事事件（Criminal Cases）

　法律違反を犯した場合や，政府によって起訴された場合であるが，特にホワイトカラーによる犯罪の場合に，会計専門家が必要とされるケースが増えている。たとえば，脱税，銀行による不正，コンピュータによる不正があげられる。その他，経営者や従業員による不正および着服といったものもある。

　会計専門家は犯罪行為の調査・分析をし，その調査結果に関する意見を提供するために，起訴側および弁護側の両者から採用されうる。特に金銭上の不正や着服が洗練されたスキームで行われているような不法行為の場合には，公認会計士が調査・分析において最も適任と考えられる。

(12) **不正および着服**（Fraud and Embezzlement）

不正および着服行為は，一般的に不法行為であり，かつ被害者は民事上の請求も行うので，刑事および民事の両方の側面がある。会計専門家は，訴えられた不正を評価したり，あるいは訴えの正確性や不正の規模を調査したりする。

(13) **家族法／離婚事件**（Family Law／Marital Dissolution Cases）

家族法の訴訟の財務的な側面において，会計専門家は重要な地位を占めており，配偶者や子供に対する支援（養育費など）の決定，離婚の際の財産分与における税務上の助言等を行っている。

(14) **交通事故等による個人の損害賠償**（Damages Studies Involving Individuals）

交通事故や医療事故等によって被る被害者の損害として，事故の結果，働けないことによって被った所得の損失がある。このような損失の計算においては，過去の失った賃金の見積りや，将来の所得の予想，賃金上昇率の予測，現在価値への引き直しが行われる。

(15) **逸失利益**（Lost Profits）

誤った行為によって損害を被った場合には，損害の評価額として逸失利益が頻繁に用いられる。この逸失利益の請求を理解し分析するにおいて，会計専門家が最も適任であり，過去の財務諸表と問題となっている行為による変化を検討して，現実の利益と予想される利益とに基づき逸失利益の分析が行われる。

以上, B. P. Brinig と E. Gladson があげている15の領域における業務を概説したが，「(2)裁判外紛争解決手続き（ＡＤＲ）」は既述したように，裁判と同様の法的紛争の解決手続きであるので，他の14の法的紛争が裁判やＡＤＲを通じて解決されるという関係になると考えられる。

これらの業務領域で，調査業務（Investigative Services）と，専門家証人ある

いはコンサルタントとしての紛争解決支援業務 (Litigation Services) の両方の業務の可能性がある。

　なお，会計専門家として，まずは公認会計士（Certified Public Accountant, 以下「ＣＰＡ」）が考えられるが，特に調査業務に関して，アメリカでは公認不正検査士（Certified Fraud Examiner, 以下「ＣＦＥ」）という別個の資格制度があり，ＣＦＥの団体として公認不正検査士協会（Association of Certified Fraud Examiners, 以下「ＡＣＦＥ」）が組織されている[5]。

第11章　アメリカの紛争処理にかかる実務

おわりに

　本章では，アメリカでの法的紛争における会計専門家の業務を概観した。本章の冒頭で説明したように，わが国とは裁判制度が異なっており，特に当事者対抗主義という考え方から，裁判においては，訴訟当事者同士が証拠を提供し合って真実を追求するという前提となっている。このような背景もあってのことであろうが，法的紛争の場で，会計専門家をはじめとしたさまざまな分野の専門家を，訴訟当事者が積極的に利用してきたのであろう。

　一方，わが国を顧みると，法的紛争の場において，公認会計士等の会計専門家がどの程度活躍しているであろうか。本書では，株式買取請求等の場合の株価鑑定や特許法等の知的財産権法で採用されている計算鑑定人制度を取り上げているが，これらは会計専門家が鑑定人として裁判所から任命される制度である。具体的な統計資料はないのではあるが，特に後者の計算鑑定人制度は残念ながら多くの利用はされていないようである。その他，破産等の場合の不正調査，倒産法制における財産評定等では，多くの会計専門家が活躍しているようである。

　今後，わが国において，法的紛争の場における会計専門家の利用がどの程度広がるかは予想できないが，本章で概説した業務領域は参考になると考えられる。また，次章ではアメリカの裁判での特許権侵害訴訟における損害賠償額算定の考え方を詳説しているが，各訴訟当事者が裁判官あるいは陪審員を説得するために，非常に経済的・会計的・経営的な分析を行っている。他の領域においても同様な議論がなされていると考えられるが，これらの考え方はわが国の損害賠償額等の算定方法に対して参考になると考えられる。さらに次章の特許権侵害訴訟における損害賠償額算定の考え方は，一般のビジネスにおけるライセンス料率の算定等にも参考になるものが含まれていると考えられ，特許権侵害訴訟ばかりではなく他の領域についても，今後，検討が行われることが期待される。

第5部　紛争処理会計の課題と展望

（注）
1）　大村雅彦・三木浩一編（2006）第1章によると，この点は誇張があるとのことである。
2）　以下の説明は，主としてモリソン・フォースター外国法事務弁護士事務所（2006）および知的財産訴訟外国法制研究会（2003）に基づいている。後者では，アメリカばかりでなくイギリス，ドイツ等について，民事訴訟についてまとめたうえで，知財訴訟に関して特に論じていることから，アメリカ以外の国々の民事訴訟制度について関心がある場合にも参考になる。
3）　litigationは「訴訟を起こすこと，告訴，訴訟」などということであり，forensicは「法廷の，弁論術」などということである。
4）　Forensic Accountingの定訳はないようであるので，ここでは一応「紛争処理会計」と訳しておく。
5）　2005年にACFEの日本における機関としてACFE Japanが設立されており，わが国においてもCFE資格の付与を実施している。

【参考文献】

1　AICPA " Forensic Services, Audit, and Corporate Governance : Bridging The Gap" (Discussion Memorandum), July 15, 2004
2　B.J. Bologna and R.J. Lindquist "Fraud Auditing and Forensic Accounting - New Tools and Techniques (2 nd Edition)" John Wiley & Sons, 1995
3　B.P. Brinig and E. Gladson "Developing and Managing a Litigation Services Practice" Harcourt Professional Publishing, 2000
4　J.P. Friedman and R.L. Weil "Litigation Support Report Writing － Accounting, Finance, and Economic issues" John Wiley & Sons, 2003
5　W.S. Hopwood, J.J. Leiner and G.R. Young "Forensic Accounting" McGraw-Hill, 2008
6　G.A. Manning "Financial Investigation and Forensic Accounting (2 nd Edition)" Taylor & Francis, 2005
7　R.L. Weil, P.B. Frank, C.W. Hughes and M.J. Wagner "Litigation Services Handbook - The Role of the Financial Expert (4 th Edition)"John Wiley & Sons, 2007
8　大村雅彦・三木浩一編（2006）「アメリカ民事訴訟法の理論」商事法務
9　知的財産訴訟外国法制研究会（2003）「知的財産訴訟制度の国際比較　制度と運用について」（別冊NBL No.81）商事法務
10　モリソン・フォースター外国法事務弁護士事務所（2006）「アメリカの民事訴訟（第2版）」有斐閣

第12章 アメリカの紛争処理法務と紛争処理会計:知的財産紛争を中心として

 前章では,アメリカでの紛争解決支援業務を概観したのであるが,本章ではより具体的なイメージをもつために,特に知的財産紛争における会計的側面について具体的に検討してみたい。

 わが国でも2003年の知的財産基本法施行前後から,知的財産重視の政策が実施されているところであるが,アメリカにおいては1980年代より競争力復活のためプロパテント政策が採用され,アメリカ経済復活の大きな要因であったといわれている。

 このような背景を前提にアメリカでの知財紛争における紛争解決支援業務と損害賠償額算定における会計的側面を検討してみることの意義であるが,まず前者の紛争解決支援業務については,前述のように法体系が異なり,日本における計算鑑定人制度というものはアメリカには存在しない。アメリカにおいては訴訟当事者からの依頼による業務が中心になると考えられる。この点ではわが国の実務に参考になる点は少ないかもしれない。

 しかしながら,後者の損害賠償額算定の考え方については,いくつか参考となる点があると考えられる。詳細は後述するが,わが国の特許法等では損害賠償額算定方法について条文上で明らかにしているが(例えば特許法102条),アメリカでは判例の積み重ねの中で算定方法が確立されており,その算定方法は極めて経済学的なアプローチを採用しており,また算定の根拠が明示されていることに特徴がある。

 そこで本章では,アメリカの知財紛争における紛争解決支援業務を概観した

後に，アメリカ特許法における損害賠償額算定の考え方をまとめ，わが国の実務に対する意義について検討したい。

第1節　アメリカにおける知的財産紛争と紛争解決支援業務

　前章でアメリカの民事訴訟における専門家の参画の概要を説明したが，知的財産紛争において特に異なるところはない。すなわち，会計専門家は主として，訴訟当事者のどちらかの依頼によって訴訟に参画していくことになる。この際に，会計的な側面で課題となるのは，損害賠償額の算定であろう。この算定方法に関しては，特許法上で原則的な考え方は示されているが，具体的な算定方法は過去の判例のなかから積み上げられてきたものである。

　そこで，次節以降はアメリカ特許法における損害賠償額算定の考え方について説明したい。

第5部　紛争処理会計の課題と展望

第2節　損害賠償額算定の考え方[1]

まず，アメリカ特許法の条文を確認したい。特許侵害による損害賠償については第284条に規定されている（ヘンリー幸田（2004），pp.333-334）。

第284条　損害賠償

　原告に有利な判決に基づいて，裁判所は，その侵害に対して補償するのに十分な賠償額を裁定しなければならない。ただし，その賠償額は，いかなる場合においても，侵害者による発明の実施に対する適正なローヤリティーに，裁判所で定めた利子および経費を加えた額を下回ってはならない。

　賠償額が陪審で決まらないときは，裁判所がそれを決定しなければならない。いずれの場合にも，裁判所は，評決または決定された額の3倍まで損害賠償を増額することができる。本段による賠償額の増額は，本法第154条(d)項の下における仮保護の再建には適用されないものとする。

　裁判所は，損害賠償額またはその状況下で合理的と見られる実施料の裁定のための参考として，専門家の証言を聴取することができる。

条文第1段落からわかることは，まず，賠償額は侵害によって生じた損害の額を償うに十分な額であること，そして，賠償額は最低限，適正ロイヤルティ（Reasonable Royalty）[2] 以上であること，の二点である。

条文第2段落は，いわゆる「3倍賠償」と言われているものであり，侵害者に懲罰的な賠償金を課すことができるというものである。これは第1段落で算定する賠償額は，懲罰的なものを含まずに合理的な算定を行い，この算定された賠償額を基礎として，裁判所の判断で3倍までの範囲で増額できるという規定である。この考え方はわが国では採用されていないが，賠償額を合理的に算定し，懲罰的な部分は別途考慮するというものであり，非常にわかりやすい考え方ではないであろうか。

条文第1段落の損害額算定について,わが国特許法102条のような具体的な方法は明示されていないが,これまでの裁判のなかから,逸失利益(Lost Profit)と確立されたロイヤルティ(Established Royalty)の二つの方法が認められている。なお,わが国特許法第102条第2項に規定されている侵害者の不当利得相当額を損害賠償額とする考え方は採用されていない。これは,「侵害者の得た利益の中には,宣伝活動,企業努力,他の特許,無関係の部品等,原告の有する特許とはまったく関係のない分も含まれ」ており,「侵害者の得た利益のすべてを特許権者に返還させるのは合理性に欠ける」(ヘンリー幸田(2004),p.335)ということで,損害賠償額の算定方法から除外されたということである。

以上整理すると,算定方式としては下記の三つに整理される。

① 逸失利益(Lost Profit)
② 適正ロイヤルティ(Reasonable Royalty)
③ 確立されたロイヤルティ(Established Royalty)

次節以降では,逸失利益と合理的な実施料の算定方法を詳述するが,ここでそれぞれのポイントを整理しておこう。まず,①逸失利益であるが,これは侵害者側による権利侵害によって失われた権利者の経済的利益を算出するものである。権利侵害と損害との因果関係の立証が難しいという難点はあるが,「もし侵害がなかりせば」という仮定を設定して逸失利益を算定する方法である。

②の適正ロイヤルティであるが,プロパテント以前では業界の相場にそった実施料によって損害額を算定していたようであるが,業界標準では合理的とはいえないという批判から,権利侵害前に権利者と侵害者との間で交渉が行われたと仮定した場合の実施料を見積もる方法が採用されている(ヘンリー幸田(2004),p.337)。

③の確立された実施料は,当該特許にすでに多くの実施権がある場合に,その相場に応じた実施料を損害額とする方法である。この手法を採用するためには,特許権者はすでに多くの者とライセンス契約を締結しており,実施料が確立していることが必要となる。

一般的に逸失利益を適用できれば大きな損害賠償額を請求できるようである

が，上記記載のとおり損害と権利侵害との因果関係を権利者が証明することが難しい点がある。パンデゥイット裁判(Panduit Corp. v. Stahlin Bros. Fibre Works, 575 F. 2nd 1152, 197 USPD（6 th Cir. 1978））では，特許権者が証明すべき事項として下記の4点を示している。

① 特許化された製品への需要があること
② 特許権侵害のない代替品がないこと
③ 需要を満たすだけの生産及び販売能力を有していること
④ 逸失利益額を算定できること

SmithとParrは，特許権者が逸失利益を採用できるのか，適正ロイヤルティを採用すべきなのか，上記の四つの点を下記のように整理している（Smith and Parr（2005），p.623）。

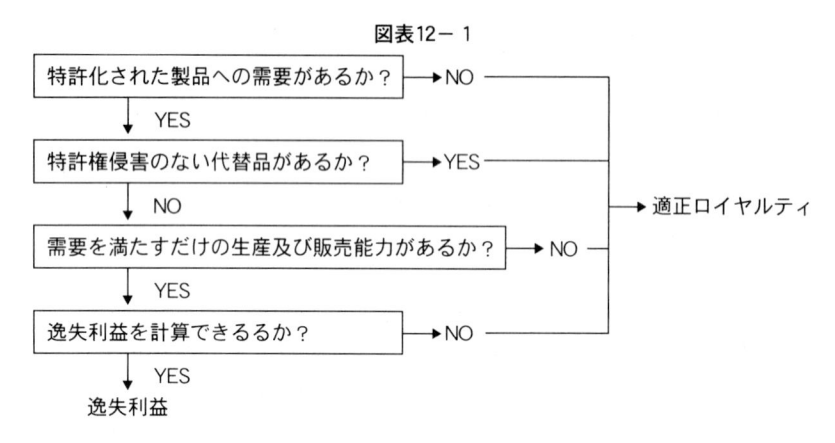

図表12－1

```
特許化された製品への需要があるか？ → NO ─┐
        ↓ YES                              │
特許権侵害のない代替品があるか？ → YES ──┤
        ↓ NO                               ├→ 適正ロイヤルティ
需要を満たすだけの生産及び販売能力があるか？ → NO ─┤
        ↓ YES                              │
逸失利益を計算できるるか？ → NO ──────┘
        ↓ YES
    逸失利益
```

なお，ここでひとつ留意しなくてはならない点は，下記で紹介するように損害賠償額算定の手法について，裁判をとおしてさまざまな検討が行われてきたのであるが，「一般的に，損害の補償額を決定することは科学ではない」(Smith and Parr（2005），p.626) と考えられていることである。これは前章で指摘したように，アメリカの訴訟制度では訴訟当事者の攻防から効率的に真実を発見するために，それぞれの訴訟当事者が専門家を使っていくのであるが，「合理的な人々にとっては，侵害がなければ起こったであろうことについて異なった意

第12章　アメリカの紛争処理法務と紛争処理会計

見を形成することができる」のであり，したがって，「ある者が正しく，他の者が間違っているということを，必ずしも意味するものではない」(Slottige (2006), p.110) と考えられている。

　それでは，次節で逸失利益の算定方法について，日本公認会計士協会による報告書に沿いながら検討しよう（日本公認会計士協会 (2007))。

第5部　紛争処理会計の課題と展望

第3節　逸失利益算定の考え方

　逸失利益は，特許侵害行為がなければ特許権者が獲得できたであろう利益のことをいう。したがって，逸失利益は侵害がなければ特許権者が獲得していたであろう利益と実際に獲得した利益との差額として算定される。これを算定する場合，仮に侵害がなかったとしたら（But-for），どのようになっていたであろうか，といった仮想の世界（But-for World）を想定して算定するところに特徴がある。このような仮の世界を想定する方法を経済学的にみるとどのようになるのか，この考え方を整理するために以下で若干見てみたい。

　下図は，権利侵害後の現実世界と，仮に権利侵害がなかったとした場合の仮想世界との分析の図である[3]。この分析は，静態的な分析であること，限界費用曲線は権利侵害前後で一定であること，といったような仮定をおいているの

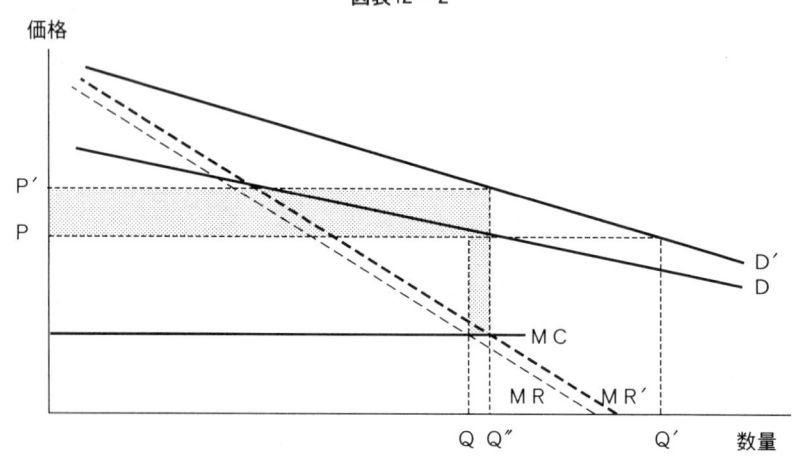

図表12－2

D　：権利者の現実の需要曲線
D´：権利者の権利侵害がない場合の需要曲線
MC：権利者の限界費用曲線
MR：権利者の現実の限界収入曲線
MR´：権利者の権利侵害がない場合の限界収入曲線

であるが,考え方を視覚的に理解するために非常に有用であると思われるので,以下に紹介したい。

権利侵害後の現実の世界では,権利者の限界費用曲線MCと限界収入曲線MRとの交わる点で権利者は活動しているので,現実世界の権利者の需要曲線はD曲線であるから,現実世界での価格はP,販売数量はQとなる。

もし仮に,権利侵害がない場合,権利者にとって,まず侵害品がなくなることから需要は増加するであろう。それから,侵害品という代替品が市場からなくなるので価格に対する感応度が低くなると予想される(価格の上昇に対して,需要の減少幅が低くなる)。そこで,この場合の需要曲線がD′であったとする。

そうすると,権利者としてはどのように行動することになるのか。限界費用曲線は変わらないものとすると,同じ価格Pで販売できるとすると,権利者はQ′の販売数量を実現できるであろう。

しかしながら,権利者にとっては市場を独占できることから価格を上昇するインセンティブが働くであろう。そこで,権利侵害がない場合の限界収入曲線がMR′に上昇したとする。この結果,権利侵害がないと仮定した場合,MCとMR′との交わるP′とQ″の点となるであろう。

さて,この状態と現実の世界とを比較すると,逸失利益を算定することができる。前図では,仮想的な売上高(P′×Q″)から,現実の売上高(P×Q)と追加的なコスト(MC×(Q−Q″))を控除した網掛けの部分が逸失利益となる。

以上の分析の結果,逸失利益を算定するためには,権利侵害前後の権利者の需要曲線・限界収入曲線・(上記では一定としたが)限界費用曲線の推計が必要となる。これらを推計するためには,下記の登場人物の行動を推測しなくてはならない。

(1) **侵害がなかった場合の特許権者の行動**

市場を独占できるとした場合,権利者としては侵害によって惹起された低い市場価格から,より高い値決めをするインセンティブが働くであろう。この場合には,当然,販売数量の減少が伴うであろうから,現状より高い価格と減少す

る販売数量の兼ね合いから，最大の利益をもたらす水準を選択するであろう（上記でいえば限界費用と限界収入が一致する点で決められる）。

また，売上を増加させるためには，権利者側の供給能力が課題となる可能性もある。権利者の生産能力，流通能力などを勘案して，その供給能力を検討する必要があり，上記の分析のみによる販売数量が想定できるとは限らないであろう。

(2) 侵害がなかった場合の権利侵害者の行動

侵害を起こさない場合，侵害者としては，さまざまな代替案を検討するであろう。たとえば，侵害を回避できる代替技術の開発や代替製品の供給の可能性もあるし，また，検討の結果，市場から撤退する可能性もあろう。

(3) 侵害がなかった場合の顧客の行動

侵害品がない場合，顧客の行動も現実世界とは異なったものとなるであろう。侵害品がない結果，特許権者の製品を選択する者もいれば，別の代替製品を選択する者，購入をやめてしまう者，とさまざまな行動が予想される。したがって，消費者行動の分析が必要となろう。

以上，経済学的にどのように考えるのかを概説したが，それでは具体的にどのように逸失利益を算定するのか。

逸失利益は次の算定式であらわすことができる (Smith and Parr (2005), p.626)。

　　　逸失利益＝逸失収益－増分コスト
　　または，
　　　逸失利益＝逸失収益×増分利益率
　　　　逸失収益＝権利侵害により逸失した数量×販売単価
　　　　増分コスト＝追加販売分を製造し販売するために必要なコスト
　　　　増分利益率＝利益から追加的1単位を製造し販売するために必要なコストを差し引いた額であり，当該製品の単位当たり価格に対するパーセントとしてあらわす

第12章　アメリカの紛争処理法務と紛争処理会計

したがって，逸失利益は理論的には，①But-for World（「侵害なかりせば」という仮想的な世界）において逸失した収益と②増分利益率の二つの要素に分解することができる。

そこで，日本公認会計士協会の報告書では下記の方法を簡単に紹介している[4]。逸失利益を算出する手法は他にもあるであろうが，下記の手法はよく利用される手法ということである。ただし，下記手法のうち，特に(1)と(3)の手法は，マーケットシェアから権利者の逸失売上高を算出する方法であり，会計的には，原価をどのように考えるのか，販売経費等をどこまで含めるのか，といったコスト面の検討が別途必要であろう。

(1) **市場シェアに基づいたアプローチ**

これは侵害者のいないマーケットの状態を想定するにあたり，たとえば侵害者のマーケットシェアが特許権者をはじめとする他の市場参加者に比例的に配分して特許権者のマーケットシェアを算定し，これに基づいた売上高を算出して逸失利益を計算する方法である。

(2) **前 後 法**

侵害者がマーケットに参入する前と後の売上，価格，利益等の情報が入手できる場合には，参入前後の情報の比較によって侵害による影響額を見積もることが可能となることから，このような情報に基づいて逸失利益を算定する方法を前後法という。

(3) **顧客アンケート調査**

当該侵害製品に対して，権利侵害製品がなかった場合にどのような消費行動をとるのかを，侵害者の顧客に対するアンケートに調査によって，マーケットシェアや価格等に与える影響を検討し，この情報に基づいて逸失利益を算定する方法をいう。

第5部　紛争処理会計の課題と展望

(4) **合併シミュレーション**

　エコノミストが開発してきた合併による効果を評価するためのシミュレーション手法を，権利侵害の場合のシミュレーションに適用して売上，価格等に対する影響を推計し，この情報に基づいて逸失利益を算定する方法である。

第4節 適正ロイヤルティ算定の考え方

　以上、逸失利益の算定方法について概観してきたが、当節では適正ロイヤルティの算定方法について検討したい。適正ロイヤルティの算出方法については、裁判での考え方が変遷しており、権利侵害後の諸要因をも考慮したロイヤルティを損害額とする考え方から、権利侵害開始時点での両社の仮想的な交渉によった実施料を損害額とし、権利侵害後の予測不能であった要因を損害額算定の過程から排除する方向に移ってきたとのことである[5]。これは、権利侵害後の想定されなかった要因によって、当該発明の価値が下落してしまった場合に、適正ロイヤルティの金額も過少となるために侵害者にとって有利になってしまうという批判に対応するためである。

　それでは、権利侵害時点での権利者と侵害者との間の仮想的な交渉に基づくロイヤルティはどのように算定されるのであろうか。この算定手続きは2段階で考えられるようである。まず、権利者および侵害者にとって受け入れられる実施料の上限および下限が想定され、次に両者の交渉力を評価し、そのレンジのどのポイントで交渉が決着がつくのかを判断する。

　第1段階として交渉レンジの設定であるが、権利者の立場から、これまでの研究開発投資等から最低限これだけは実施料として回収する必要があるという、特許権者にとっての最低価格が交渉レンジの下限となる。一方、侵害者の立場から、侵害者の損益構造や販売力等から、これ以上高い実施料であればライセンス契約しないという最大限受け入れられる実施料が考えられるであろうから、これが交渉レンジの上限となると考えられる。

第5部 紛争処理会計の課題と展望

図表12-3　仮想的交渉における交渉幅

```
              ←―――― ロイヤルティ交渉の幅 ――――→
0%  ―――――――┬―――――――――――――――――――┬―――――――→
            ↑                            ↑
    ┌───────────────┐            ┌───────────────┐
    │特許権所有者が受け│            │ライセンシーが支払って│
    │  入れられる下限  │            │よいと考えている上限│
    └───────────────┘            └───────────────┘
            ⇩                            ⇩
    基準：競争の激化と他の          基準：特許を用いた製品
         ライセンス機会の                販売が可能になる
         喪失によるリスク                ことによる追加的
         を反映した利益                  利益
```

出典：NERAエコノミックコンサルティング (2007), p.51

　そこで次の段階として，この交渉レンジが設定できたとして，どこの点で交渉がまとまるのか。これは権利者と侵害者の交渉力のいかんによって，上限または下限のどちらかの方向に振れるものと考えられる。この交渉力を判断する要因として，1970年のジョージア・パシフィック社対プライウッド社裁判 (Georgia-Pacific Corp. v U.S. Plywood-Champion Papers, 318F. Supp. 1116, 166 U.S.P.Q. 235, 238-240 (S.D.N.Y. 1970)) で15の基準が示され，その後の裁判において頻繁に引用されているようである。この15の基準は一般にジョージア・パシフィック・ファクターズと称されており，具体的には下記のようなものである。

　基準1：訴訟対象の特許権者が受け取ったロイヤルティ

　　対象特許に対して過去に支払われたロイヤルティ実績があり，それが上記の交渉レンジの範囲内にある場合には，無条件に採用されるわけではないが，その料率が適正ロイヤルティ算定の出発点となりうる。

　基準2：比較可能である特許に対して支払われたロイヤルティ

　　業界慣習，類似特許のライセンス状況，権利侵害者がこれまでのライセンス契約において他のライセンサーとの間で発揮した交渉能力などといった点も，適正ロイヤルティ算定のための重要な情報となる。

第12章　アメリカの紛争処理法務と紛争処理会計

基準3：ライセンスの性質と範囲

　ライセンスの内容が独占的か否か，特段の制限が付されているか否かといったライセンスの性質や範囲によってロイヤルティ金額が異なってくると考えられる。

基準4：特許権者の確立されたライセンス方針

　ライセンサーである特許権者に，競合会社にはライセンスしないといったような方針がある場合には，高いロイヤルティを獲得できる可能性があり，このような特許権者の方針も検討の対象となる。

基準5：特許権者とライセンシーとの間のビジネス上の関係

　例えば特許権者が自己実施している特許を競合会社にライセンス提供することは自社の売上減少要因になることから，当事者の双方が競合関係にあるなどといったビジネス上の関係も検討対象となる。

基準6：特許製品以外のライセンシー製品の販売への影響

　対象となっている特許を利用した製品ばかりではなく，この製品と関連性を持つ他の製品に対しても販売促進の効果が認められる場合には，このような派生的な製品に関する利益も検討の対象となる。

基準7：特許期間とライセンスの期間

　特許権の残存有効期間やライセンス期間も検討の対象となるのであり，たとえば，残存有効期間が長い特許権の場合には，ライセンシーにとってはライセンス料の支払い期間が長くなることから，ライセンシーの側で周辺の発明を試みるインセンティブが発生するために，特許権者としては低いライセンス料を許容する可能性があるかもしれない。また逆に，技術革新が目まぐるしく製品ライフサイクルが短い場合には，特許権の経済的寿命が短いと予想されるために，短期間で利益獲得を目指すことから，高額のロイヤルティで合意が得られる可能性がある。

基準8：特許を組み込んだ製品の収益性

　売上高や利益に対する特許権の貢献度も，ロイヤルティ算定の際の検討対象となる。

第5部　紛争処理会計の課題と展望

基準9：旧式品と比べた特許の優位性

　当該特許を用いていない旧式品がある場合，当該特許を用いた製品の代替品となることから，旧式品と比較した優位性がどの程度大きいのかといった点も検討の対象となる。

基準10：特許発明で使用者が得た利益

　特許権者が得た費用低減の効果や需要増大の効果も，ライセンシーの利益を増加させることから，ライセンス料算定の検討の対象となる。

基準11：権利侵害者による特許の使用

　特許侵害者の当該特許技術の使用可能範囲や使用頻度といった点も，ライセンス料算定の検討の対象となる。

基準12：商慣習上の利益の割合

　売上高や利益に対する特許権の貢献割合が業界の経験則として存在する場合には有用な情報となる。

基準13：特許を取得した発明に帰すべき利益部分

　実現可能な利益のうち特許が有する特質に起因すると考えられる割合を，計量経済学的方法等によって測定し検討する場合もある。

基準14：専門家による意見

基準15：自発的なライセンサーと自発的なライセンシーが合意したであろう金額

　上記基準のうち 基準14 は専門家の意見が検討の対象となるという基準であり，基準15は適正ロイヤルティは両社の自発的な交渉によって合意した金額であることを確認する基準であるので，実質的には 基準1 から 基準13 までが判断基準と考えられる。

　こられの基準は何らかの視点から体系的に整理されているわけではないようであるが，すべての基準を網羅するものではないが，たとえば上記の基準を次の五つのカテゴリーに整理することができる（Glick et al.（2003），pp.152－154）。

(カテゴリー1) 当該ライセンスの主要なパラメーターを示すもの
- 基準3 :ライセンスの性質と範囲
- 基準7 :特許期間とライセンスの期間

(カテゴリー2) 他のライセンスについての有用な情報
- 基準1 :訴訟対象の特許権者が受け取ったロイヤルティ
- 基準2 :比較可能である特許に対して支払われたロイヤルティ
- 基準4 :特許権者の確立されたライセンス方針

(カテゴリー3) ライセンサーにとってのライセンス提供の機会原価
- 基準4 :特許権者の確立されたライセンス方針
- 基準5 :特許権者とライセンシーとの間のビジネス上の関係

(カテゴリー4) ライセンシーがライセンスによって獲得する利益
- 基準6 :特許製品以外のライセンシー製品の販売への影響
- 基準8 :特許を組み込んだ製品の収益性
- 基準13 :特許を取得した発明に帰すべき利益部分

(カテゴリー5) ライセンサーとライセンシーとの間の相対的な交渉力

訴訟実務においては,これらの基準がすべて明示的に考慮されているわけではなく,それぞれの事案に応じて適切な基準が適宜引用されているようである。

第5部　紛争処理会計の課題と展望

第5節　日本の損害額算定方法との相違点

　以上，アメリカにおける損害賠償額の算定方法を逸失利益と適正ロイヤルティの算定方法を中心に概観してきた。前述したように，アメリカの裁判実務では，訴訟当事者が証拠を出し合い，訴訟の争いのなかで真実をつかみだそうとする。したがって，損害額の算定方法においても，どちらがより合理的・説得的であるのかが争われるのであり，上記の方法にしても，実際の裁判実務でどこまで厳密な分析が行われているのか，実際のところはわからないのであるが，非常に経済学的・経営学的・会計学的なアプローチが採用されていることがわかる。争うに際して裁判官または陪審員に納得してもらう必要から，判断の基準や算定の根拠が明示されていることも，わが国と大きく違う点であろう。

　また，わが国では損害額算定の基本的な考え方が条文で明示されている（たとえば特許法102条）のに対して，アメリカでは具体的な算定方法は判例の積み重ねの中で形成されてきたことも，両国の大きな違いであろう。

　その他，損害賠償額の算定とは直接関係はないが，一般のライセンス料決定の際のスキームとして，上記の適正ロイヤルティ算定の方法は参考になると考えられる。さらに，逸失利益の算定方法に関しても，独占による排他力を本質とする特許権の価値評価において，独占によってどれだけの経済価値を失ったのかを算定する算定方法は，非常に参考になるのではないだろうか。

（注）
1）　これまでの損害賠償額算定方法に係る考え方の歴史的経緯については田村善之（2004）第Ⅲ章の「第2節　アメリカ合衆国法」参照
2）　上記翻訳では「適正なローヤリティ」と翻訳しているが，ここでは日本公認会計士協会（2007）に合わせて「適正ロイヤルティ」とした。
3）　この経済的分析の詳細については，G.K. Leonard and L.J. Stiroh(2005)（NERAエコノミックコンサルティング（2007）第3章参照のこと。
4）　ある程度詳細な説明については，Glick, Reymann and Hoffman, ibid, pp.41-46（NERAエコノミックコンサルティング，前掲書，39ページ〜44ページ）

第12章 アメリカの紛争処理法務と紛争処理会計

5) 詳しくは田村善之(2004),174～202ページ参照

【参考文献】
1 NERAエコノミックコンサルティング訳・G.K.Leonard and L.J.Stiroh (2005)『知財紛争の経済分析－米国先進事例に学ぶ損害賠償額の算定原則』中央経済社
2 田村善之(2004)『知的財産権と損害賠償(新版)』弘文堂
3 日本公認会計士協会(2007)『法的紛争処理における会計的側面の研究－知的財産権の紛争処理を中心とした会計的課題』
4 ヘンリー幸田(2004)『米国特許法逐条解説(第4版)』発明協会
5 G.V. Smith and R.L. Parr "Intellectual Property－Valuation, Exploitation, and Infringement Damages" John Wiley & Sons, 2005, p623
6 D. Slottge "Economic Damages in Intellectual Property" John Wiley & Sons, 2006, p.110
7 M.A. Glick, L.A. Reymann and R. Hoffman "Intellectual Property Damages－Guidelines and Analysis" John Wiley & Sons, 2003, pp152－154

著者紹介

吉田　博文（よしだ・ひろふみ）〔第1章－第3章〕
1951年，岡山県生まれ。早稲田大学大学院経済学研究科修了。公認会計士・税理士。
アーサーヤング公認会計士共同事務所，監査法人朝日新和会計社国際事業部，アーンストアンドヤングコンサルティング株式会社を経て，現在，公認会計士吉田博文事務所主宰。米国管理会計人協会日本支部（Institute of Management Accountants, Tokyo Chapter）常任理事，早稲田大学エクステンションセンター講師（平成13－18年度）。
主要著訳書に，『連結会計の導入と実践』（共著，かんき出版），『粉飾決算の見抜き方』（共著，東洋経済新報社），『戦略医業経営の21章』（共著，医学通信社），『知的資産経営』（共著，同文舘出版），『企業戦略マニュアル』（共訳，ダイヤモンド社），『トータル・コスト・マネジメント』（共訳，中央経済社），『やさしくわかるリース会計』（共著，税務経理協会）他多数。

坂上信一郎（さかがみ・しんいちろう）〔第6章－第8章〕
1958年生まれ，鹿児島県生まれ。早稲田大学大学院商学研究科修了。公認会計士・税理士。
アーサーヤング公認会計士共同事務所（現在の新日本有限責任監査法人）主査を経て，公認会計士坂上信一郎事務所（エスエス会計）主宰。日本公認会計士協会実務補修所講師（コンサルティング，企業評価）日本公認会計士協会経営研究調査会紛争処理会計専門部会部会長，社団法人日本仲裁人協会常務理事，早稲田大学エクステンションセンター講師（平成13年－18年）
主な著書に，『トータルコストマネジメント』（共訳，中央経済社），『新経理実務大辞典』（共著，産業調査会），『最新財務マニュアル　3　研究開発・設備投資』（共著，総合法令出版），『人件費の会計と管理』（共著，白桃書房），『図解粉飾決算の見抜き方』（共著，東洋経済新報社），『戦略医業経営の21章』（共編著，医学通信社），『知的資産経営』（共著，同文舘出版）

藤原　誉康（ふじわら・よしやす）〔第9章－第12章〕
1963年，北海道生まれ。早稲田大学大学院商学研究科修士課程修了。公認会計士・税理士。外資系監査
法人，コンサルティング会社を経て，現在，公認会計士藤原誉康事務所主宰。
著書に『知的資産経営』（共著，同文舘出版）ほか。

著者との契約により検印省略

平成21年8月1日 初版発行

紛争処理会計

著　者	吉田　博文
	坂上　信一郎
	藤原　誉康

発行者　　大坪　嘉春

印刷所　　税経印刷株式会社

製本所　　株式会社　三森製本所

発行所　東京都新宿区下落合2丁目5番13号　株式会社　税務経理協会

郵便番号　161-0033　振替　00190-2-187408　電話(03)3953-3301(編集部)
　　　　　FAX(03)3565-3391　　　　　　　　(03)3953-3325(営業部)
URL http://www.zeikei.co.jp/
乱丁・落丁の場合はお取替えいたします。

Ⓒ　吉田博文・坂上信一郎・藤原誉康　2009　　　　Printed in Japan

本書を無断で複写複製（コピー）することは、著作権法上の例外を除き、禁じられています。本書をコピーされる場合は、事前に日本複写権センター（JRRC）の許諾を受けてください。
JRRC(http://www.jrrc.or.jp　eメール:info@jrrc.or.jp　電話:03-3401-2382)

ISBN978-4-419-05318-5　C2063